クレヨンしんちゃん 国語ドリル かん字 小学1年生

キャラクターしょうかい

のはら　ひろし

しんちゃんの
お父さん。

のはら　みさえ

しんちゃんの
お母さん。

のはら　ひまわり

しんちゃんの
いもうと。

シロ

しんちゃんの
あい犬。

のはら一家

のはら　しんのすけ

お気らくな　5さいの　男の子。
みんなから　「しんちゃん」と　よばれて　いる。
きれいな　おねいさんと　チョコビが　大すき。

ようちえんの ともだちと 先生

えんちょう先生

まつざか先生

よしなが先生

あげお先生

ボーちゃん

石あつめが　しゅみ。

マサオくん

ちょっぴり
なき虫。

風間くん

べんきょうが
とくい。

ネネちゃん

リアルおままごとが
大すき。

カンタムロボ

しんちゃんが　すきな
アニメの　しゅ人こう。

ぶりぶりざえもん

しんちゃんが　つくった
せいぎ(?)の　ヒーロー。

アクション仮面

しんちゃんが
あこがれる　ヒーロー。

埼玉べにさそりたい

スケバン女子高生　3人ぐみ。
本とうは　いい人。

あいちゃん

しんちゃんに
こいする
おじょうさま。

黒磯

あいちゃんの
ボディーガード。

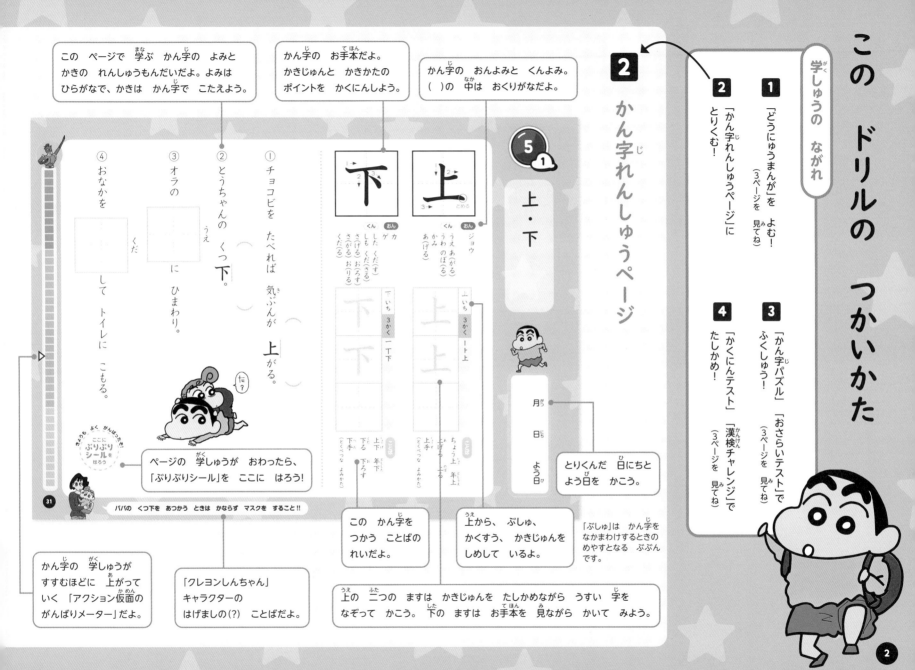

このドリルの つかいかた

学しゅうの ながれ

1 「どうにゅうまんが」を よむ！
（3ページを 見てね）

2 「かん字れんしゅうページ」に とりくむ！

3 「かん字パズル」「おさらいテスト」で ふくしゅう！
（3ページを 見てね）

4 「かくにんテスト」「漢検チャレンジ」で たしかめ！
（3ページを 見てね）

2 かん字れんしゅうページ

この ページで 学ぶ かん字の よみと かきの れんしゅうもんだいだよ。よみは ひらがなで、かきは かん字で こたえよう。

かん字の お手本だよ。かきじゅんと かきかたの ポイントを かくにんしよう。

かん字の おんよみと くんよみ。（ ）の 中は おくりがなだよ。

5 1
上・下
上
とめる
おん ジョウ
くん うえ あ(がる) うわ のぼ(る) かみ あ(げる)
下
おん カ ゲ
くん した くだ(す) しも くだ(さる) さ(げる) お(ろす) さ(がる) お(りる) くだ(る)
上 いち 3かく ｜ト上
下 いち 3かく 一丁下
ことば
ちょう上 年上 上げる 上る 上手 (とくべつな よみかた)
上下 年下 下る 下ろす 下手 (とくべつな よみかた)
① チョコビを たべれば 気ぶんが 上がる。
② とうちゃんの くつ下。
③ オラの うえ に ひまわり。
④ おなかを くだ して トイレに こもる。
月 日 よう日
きょうも よく がんばったぞ！
ここに ぶりぶりシールを はろう
31
パパの くつ下を あつかう ときは かならず マスクを すること!!

とりくんだ 日にちと よう日を かこう。

ページの 学しゅうが おわったら、「ぶりぶりシール」を ここに はろう!

この かん字を つかう ことばの れいだよ。

上から、 ぶしゅ、 かくすう、 かきじゅんを しめして いるよ。

「ぶしゅ」は かん字を なかまわけするときの めやすとなる ぶぶんです。

かん字の 学しゅうが すすむほどに 上がって いく 「アクション仮面の がんばりメーター」だよ。

「クレヨンしんちゃん」 キャラクターの はげましの(?) ことばだよ。

上の 二つの ますは かきじゅんを たしかめながら うすい 字を なぞって かこう。 下の ますは お手本を 見ながら かいて みよう。

右上から下にむかってよもう。

5
①上・下
②大・中
③小・夕
④日・玉
アクション デパートに いくゾ！
アクション デパート
さて、上の おもちゃ うりばにでも いきますか。
今日は 買わないわよ、下りてらっしゃい。
母ちゃん、オラ トイレ〜。
大の ほう？ 小の ほう？
どっちかって いうと…、中？
なによ それ…。ほら いって いって！
…もう いいや。なんか スッキリ したし♪
やだ、もれちゃったの？
玉ねぎ!! にんじん!! じゃがいも!!
今夜は カレーよっ！
そんなに いそぐと あぶないよ。
シャーー
早く 帰って お着がえ しなきゃでしょっ！
お出かけの 前は トイレに いって おいてね。
こっ・て・り わすれて まして。
その夜
あれ？ 夕はんは カレーって いってたのに…。
肉じゃが？
うっかり カレールゥを 買いわすれ まして…。
おしまい
30

1 どうにゅうまんが

そのたんげんで学ぶかん字をつかった、たのしいオリジナルまんがだよ。

3 かん字パズル・おさらいテスト

たんげんごとにパズルやテストでかん字をおさらいしよう。

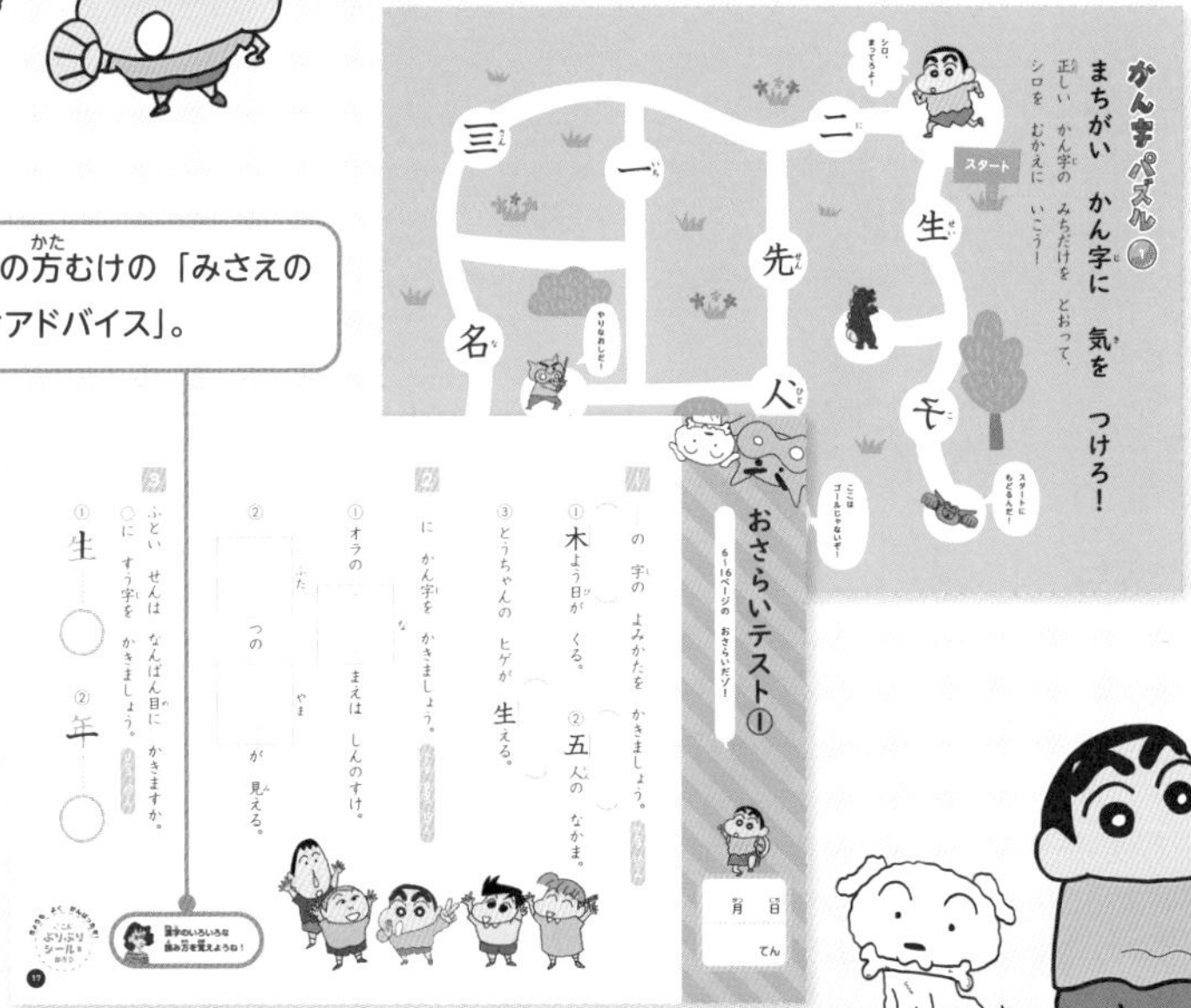

かん字パズル①
まちがい かん字に 気を つけろ！
正しい かん字の みちだけを とおって、シロを むかえに いこう！
スタート
二
生
先
一
三
名
人
千
おさらいテスト①

おうちの方むけの「みさえの声かけアドバイス」。

4 かくにんテスト・漢検チャレンジ

1年生のかん字のたしかめテストと「漢検」のれんしゅうもんだいだよ。

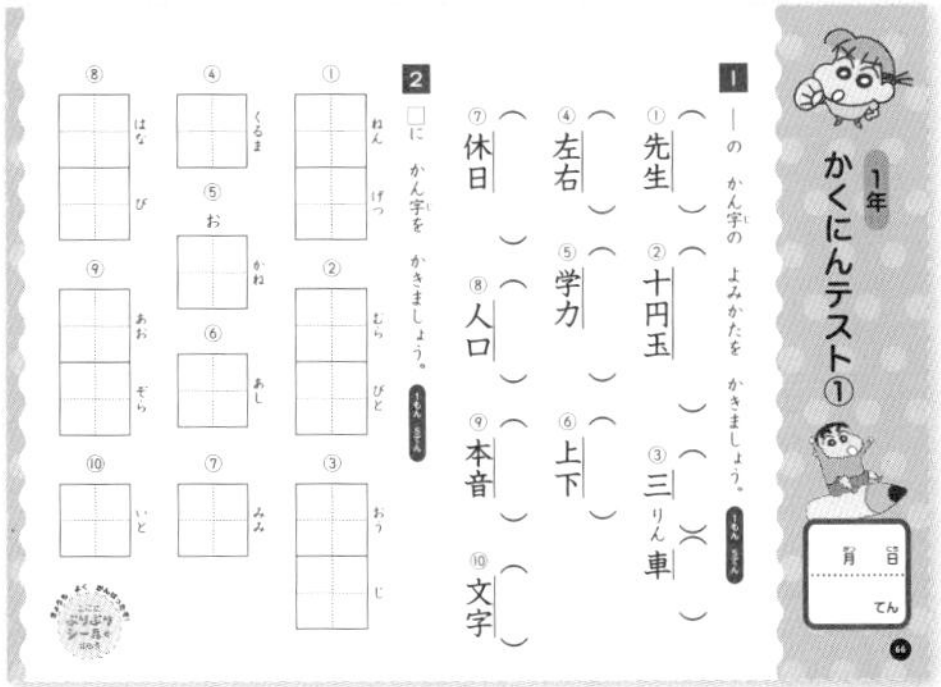

1年 かくにんテスト①
1 ―の かん字の よみかたを かきましょう。
①先生 ②十円玉 ③三りん車 ④左右 ⑤学力 ⑥上下 ⑦休日 ⑧人口 ⑨本音 ⑩文字
2 □に かん字を かきましょう。

漢検チャレンジ①
1 ―の かん字の よみかたを かきましょう。
町の としょかんに 出かけて 本を 三さつ かりた。
休みの 日に みちで 先生を 見かけた。
森に 生えて いる 木の 名まえを しらべる。
白い 犬の 耳が ぴんと 立って いる。
2 ふとい せんは なんばん目に かきますか。
①水 ②足 ③玉 ④右

おうちの方へ

- このドリルでは、文部科学省の学習指導要領に示された、小学1年生の配当漢字を収録しています。ただし、まんがページなどでは、2年生以上で習う漢字も使用しています。
- 各キャラクターのセリフや言い回しは、原作まんがに準じた表現としています。
- お子さんが学習を終えたら、巻末の「こたえのページ」を参照のうえ、丸つけをしてください。
- 漢字のお手本や練習問題では一般的な教科書体を使用していますが、お使いの教科書とは字形が異なる場合があります。その場合には、お使いの教科書の字形にならうようにご指導ください。
- 漢字の部首には複数の説があり、本書ではその代表的なものを採用しています。
- 本書の学習内容は、公益財団法人 日本漢字能力検定協会の「漢字検定10級」に対応しています。

1年生で ならう かん字 80字

	手 38	木 15	口 37	千 26	入 51		
5 かく	犬 39	月 16	女 50	上 31	3 かく	七 19	1 かく
生 9	火 43	円 20	土 61	下 31	三 8	八 19	一 7
四 13	水 44	王 22	4 かく	大 32	子 10	九 20	2 かく
左 27	文 57	中 32	五 13	小 33	山 14	十 25	二 7
右 27	天 64	日 34	六 14	夕 33	川 15	力 28	人 8

かくすうの すくない じゅんに ならんで いるよ。 すう字は かん字の れんしゅうページだよ。

草 45	雨 46	男 50	村 21	糸 56	年 16	立 58	本 28
10 かく	学 49	赤 55	車 22	字 57	百 25	田 61	玉 34
校 49	青 55		足 38	竹 62	耳 39	石 62	目 37
12 かく	林 63	8 かく	見 40	気 64	虫 44	6 かく	出 51
森 63	9 かく	金 26	花 43	7 かく	休 52	先 9	白 56
	音 40	空 45	貝 46	町 21	早 52	名 10	正 58

1

① 一・二　② 三・人　③ 先・生　④ 子・名

①
わい　わい
アクション　ようちえん
②
しんちゃん　オニね!!
わーっ
一、二、三～。
③
かくれんぼ　かい?
組長先生も　やろやろ!
園長です。
④
もう　いいかい?
あくしゅ　かい♪
ポッ
もう　いいよー
⑤
ひょこ
こんな　わかりやすい　ところに　かくれる　なんて、まだまだ　子どもね。
子ども　だもん…。
⑥
ボーちゃん　めっけ!
ネネちゃん　めっけ!
あとは　カザマくん　だけだな。
⑦
ガサッ
トオルちゃーん、どこなの?　トオルちゃーん。
ママの　マネ　するな!!
めっけ!
⑧
しんちゃんて　見つける　名人ね。
でも　あきたから　なわとびしよ。
きまぐれな　やつ…。
⑨
キャキャ
――すっかり　忘れられた　園長先生――
ううっ…。

おしまい

みんなで　かくれんぼ　するゾ!
♪

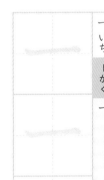

1 1

月(がつ)　日(にち)　よう日(び)

※学(がく)しゅうの しかたは 2ページを 見(み)てね。

一・二

一　とめる

おん　イチ　イツ

くん　ひと　ひと(つ)

二　ながく

おん　ニ

くん　ふた　ふた(つ)

一　いち　1かく　一

二　に　2かく　一　二

ことば

一(いち)ばん　一本(いっぽん)

一(ひと)つ

一人(ひとり)(とくべつな よみかた)

ことば

二(に)ひき　二(ふた)つ

二(に)まい

二日(ふつか)(とくべつな よみかた)

① 一ばんぼしを 見(み)つけたゾ。

② おしりは 二つに われて いる。

③ シロに ほねを □(ひと)つ あげた。

④ ごごの □(に)じに にじを 見(み)る。

きょうも よく がんばったぞ!　ここに ぶりぶりシールを はろう

たのしくは ないけど、やらないと どんどん だらしなく なって いくでしょ。

三・人

月(がつ) 日(にち) ようび(よう日(び))

三

1 2 3 ながく

おん サン

くん み み(つ) みっ(つ)

三 いち	3かく	一 二 三

ことば
三(さん)だい
三日月(みかづき)
三(みっ)つ

人

1 2 はらう

おん ジン ニン

くん ひと

人 ひと	2かく	ノ 人

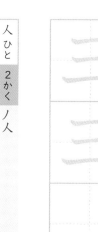

ことば
人生(じんせい)
三人(さんにん)
大人(おとな)
(とくべつな よみかた)

① 三日(か)ぶりの おつうじだゾ。（　　）

② うちゅう人に あいに いこう。（　　）

③ □(さん) かい まわって 「ワン」と なく。

④ アクション仮面(かめん)の □(にん) ぎょうだゾ。

きょうも よく がんばったぞ!
ここに ぶりぶりシールを はろう

ま、あせらないで じっくり やるさ。

先・生

月(がつ)　日(にち)　よう日(び)

先

おん　セン
くん　さき

先　ひとあし にんにょう　6かく
ノ 𠂉 ⺧ 生 㐄 先

ことば
先(せん)とう
先(さき)に いく

生

おん　セイ　ショウ
くん　い(きる)　は(える)　い(かす)　は(やす)　い(ける)　なま　う(まれる)　う(む)

生　うまれる　5かく
ノ 𠂉 ⺧ 牛 生

ことば
先生(せんせい)　生(い)け花(ばな)
生(う)み出(だ)す
生水(なまみず)

① よしなが先(　)生(せい)の 名(な)まえは みどりだゾ。

② 生(　)むぎ、生ごめ、生たまごが いえた。

③ かけっこは □(さき)に ゴールした 人(ひと)の かちだゾ。

④ □(い)きものには やさしく しよう。

きょうも よく がんばったぞ! ここに ぶりぶりシールを はろう

きみには きみの よさが あるのよ。

1 4

子・名

月(がつ)　日(にち)　よう日(び)

子

おん　シ　ス
くん　こ

名

おん　メイ　ミョウ
くん　な

子　こ　3かく
ﾌ　了　子

子　子

ことば
女子(じょし)
王子(おうじ)
子(こ)ども

名　くち　6かく
ノ　ク　タ　夕　名　名

名　名

ことば
名人(めいじん)
名字(みょうじ)
名(な)まえ

① ねる **子**は　そだつ。（　　）

② かれの **名**まえは　ぶりぶりざえもん。（　　）

③ 王(おう)□(じ)さまに　あこがれる。

④ シロは　□(めい)犬(けん)だゾ。

きょうも　よく　がんばったぞ！
ここに　ぶりぶりシールを　はろう

すくいの　ヒーロー　ぶりぶりざえもん　参上(さんじょう)てーす。ぶりぶり〜〜。

かん字パズル 1

まちがい かん字に 気を つけろ！

正しい かん字の みちだけを とおって、シロを むかえに いこう！

シロ、まってろよ！
スタート
二 に
三 さん
一 いち
生 せい
先 せん
名 な
人 ひと
こ
やりなおしだ！
ここは ゴールじゃないぞ！
スタートに もどるんだ！
ゴール

きょうも よく がんばったぞ！
ここに ぶりぶり シールを はろう

2

1. 四・五
2. 六・山
3. 川・木
4. 月・年

むかし むかし あるところに…。
むかしって いつ?
なん年も なん年も 前って ことよ。
おじいさんは 山へ しばかりに…。
おばあさんは 川へ せんたくに…。
これって、おひめさまが 月に 帰っちゃう やつだよね?
それは『かぐやひめ』よ。
じゃあ 木の 上から かきを 投げつける…。
『さるかに合戦』かな…。
六人の 小人が 出てくる?
一人 へった…。小人は 七人で おはなしは『白雪姫』。
ああっ あれか!! こぶたが 四ひきの…!!
こんどは ふえた。『三びきのこぶた』 それも ちがうし~。
てゆうか わざと まちがえてるでしょ!!
五さいじに むかって おとなげないなァ。
つづき よんで ちょ。
なんだか つかれ ちゃったな…。
ももたろう
こてん
えーー ちっとも よんでない ゾ!
ぶー
「あんたの せいだ!!」と いいたい。

おしまい

えほんを よんで ねるゾ!

2 ① 四・五

月(がつ)　日(にち)　よう日(び)

四	
おん	シ
くん	よ よ(つ) よっ(つ) よん

四 くにがまえ　5かく　丨 冂 冂 四 四

ことば　四月(しがつ)　四つ(よっつ)　四ひき(よんひき)

五	
おん	ゴ
くん	いつ いつ(つ)

五 に　4かく　一 丆 五 五

ことば　五ひき(ごひき)　五つ(いつつ)

① 四人(にん)と 一(いっ)ぴき。（　　）

② オラは 五さいの 男(おとこ)の子(こ)。（　　）

③ □(し)かくい つみ木(き)。

④ □(ご)かくけいは ペンタゴ〜ン。

きょうも よく がんばったぞ！ ここに ぶりぶりシールを はろう

そうさ!! ボクは かならず エリートへの 道(みち)を 歩(あゆ)んで ゆくぞ!!

六・山

月　日　よう日

六

おん　ロク

くん　む　む(つ)　むっ(つ)　むい

六　はち　4かく　丶 亠 六 六

ことば：六(ろく)まい　六(ろっ)ぴき　六(むっ)つ　六日(むいか)

山

おん　サン

くん　やま

山　やま　3かく　丨 山 山

ことば：山村(さんそん)　火山(かざん)　山(やま)のぼり

① 六（　　）月(がっ)は　よく　雨(あめ)が　ふるゾ。

② 山（　　）のぼりに　しゅっぱつ　しんこう！

③ □(むっ)つ　入(い)りの　おかし。

④ ふじ□(さん)は　すごく　たかい。

きょうも よく がんばったぞ！ ここに ぶりぶりシールを はろう

ふぅ―― スッキリした!! じゃ、あそぼうか。

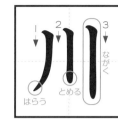

2 3

川・木

月（がつ）　日（にち）　よう日（び）

川
1　2　3
ながく　とめる　はらう

おん　―
くん　かわ

木
1　2　3　4
はらう　とめる　はらう

おん　ボク　モク
くん　き　こ

川かわ　3かく　丿川川

木き　4かく　一十オ木

ことば
川上（かわかみ）
天の川（あまのがわ）
小川（おがわ）

ことば
大木（たいぼく）
木目（もくめ）
木（き）
木かげ（こかげ）

①　とうちゃんと　川（　　）で　あそぶゾ。

②　木（　　）よう日（び）に　ゴミを　すてる。

③　［かわ］の　字（じ）に　ならんで　ねる。

④　かすかべの　まちに　［き］を　うえる。

きょうも　よく　がんばったぞ!
ここに
ぶりぶり
シールを
はろう

家（いえ）で　れんしゅう　すれば　できるように　なる。

月・年

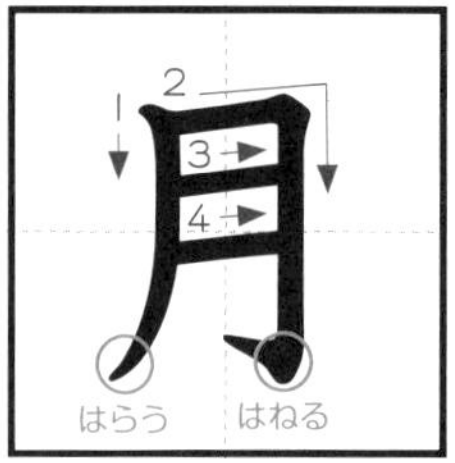
月
1
2
3
4
はらう
はねる

おん ゲツ ガツ
くん つき

年
1
2
3
4
5
6
ながく

おん ネン
くん とし

月 つき	4かく	ノ刀月月
年 いちじゅう（かん）	6かく	ノ𠂉𠂉𠂉𠂉年

ことば
月(げつ)よう日(び)
一月(いちがつ)　月(つき)
三日月(みかづき)

ことば
年月(ねんげつ)
年下(としした)

①（　　）
月の うさぎは もちつき名人(めいじん)。

②（　　）
一(いち)年は 十二(じゅうに)か月 ある。

③ 今(こん)［げつ］は あと なん日(にち)？

④ すてきな［とし］上(うえ)の おねえさん。

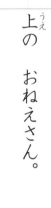

きょうも よく がんばったぞ！
ここに ぶりぶりシールを はろう

月(がつ)
日(にち)
よう日(び)

おさらいテスト①

6～16ページの おさらいだゾ！

1

―の 字(じ)の よみかたを かきましょう。 ひとつ 10てん

① 木(　　)よう日(び)が くる。

② 五(　　)人(にん)の なかま。

③ とうちゃんの ヒゲが 生(　　)える。

2

□に かん字(じ)を かきましょう。 かん字 ひとつ 10てん

① オラの □(な)まえは しんのすけ。

② □(ふた)つの □(やま)が 見(み)える。

3

ふとい せんは なんばん目(め)に かきますか。○に すう字(じ)を かきましょう。 ひとつ 20てん

① 生 ……○

② 年 ……○

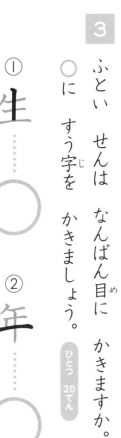

月(がつ)　日(にち)

てん

漢字(かんじ)のいろいろな読(よ)み方(かた)を覚(おぼ)えようね！

きょうも よく がんばったぞ！

ここに ぶりぶりシールを はろう

七つの海を こえ あらゆる 町や 村を めぐり、たどりついた!!
三つの ねがいを かなえてくれる まほうの ランプは ここに あ〜る!!
オレが いだいな 王さまに なるために 休まず さがすのだ!
こんな 人が 王さまに なったら いやだな…。
ごはんも ろくに もらって ないから 力が でないよ。
ふんふ ふ〜ん
グ〜〜ッ
そのランプ オレに よこせ!!
ポイ
イヤですぅ。八十円も したので。
ならば 九十円で 売ってくれ!!
なら その 犬と こうかんして。
こんな ダメ犬で いいのか!?
ほんとに イヤな ごしゅじんさまだ。
出てこい ランプの せい!! オレの ねがいを かなえてくれ!!
フリスビー
ゴシゴシ ゴシ
ねがいを 一つだけ かなえてやろう。
ボワン
あれ…、三つでは?
つかれるから 一つね!!
あっ
パパン
オレを いだいな…
その車 ストーップ!!
はーい、「車を ストップ」ねー。
キキーッ
ねがいは かなえたぞ。つかれたから 百年くらい ねよーっと。
うう…
シュウ
さ、ごはんに しよ。
アーン♪

おしまい

3

① 七・八

② 九・円

③ 町・村

④ 王・車

ねがいが かなう まほうの ランプ だゾ!

3-1

七・八

七	八

（七：1 → 2 まげる　八：1 2 はらう はらう）

七

おん　シチ

くん　なな　なな(つ)　なの

七　いち　2かく　一七

八

おん　ハチ

くん　や　や(つ)　やっ(つ)　よう

八　はち　2かく　ノ八

ことば

七五三（しちごさん）　七（なな）まい　七日（なのか）

八（はち）かい　八（はち）こ　八（やっ）つ　八日（ようか）

月（がつ）　日（にち）　よう日（び）

① 一（いっ）しゅうかんは　七（　　）日（か）　ある。

② ハチが　八（　　）ひき　とんで　いる。

③ □（しち）じに　めざましどけいが　なる。

④ □（や）つあたりは　よく　ないゾ。

きょうも　よく　がんばったぞ！

ここに　ぶりぶりシールを　はろう

やがて　埼玉（さいたま）ぺにさそりたいが　天下（てんか）を　とる　日（ひ）が　くる!!　ふふふ。

九・円

月(がつ)　日(にち)　よう日(び)

九

おん　キュウ　ク

くん　ここの　ここの(つ)

九　おつ　2かく　ノ九

ことば　九(きゅう)こ　九(く)月(がつ)　九(ここの)つ

円

おん　エン

くん　まる(い)

円　どうがまえ　けいがまえ　4かく　丨冂円円

ことば　円(えん)　一円(いちえん)　円(まる)い

① 九(　)本(ほん)の　きゅうり。

② 円(　)い　くもが　空(そら)に　うかんで　いる。

③ □(く)月(がつ)は　えいごで　セプテンバー。

④ 百(ひゃく)□(えん)　はらって　おつりを　もらう。

きょうも　よく　がんばったぞ！　ここに　ぶりぶりシールを　はろう

よかったら　少(すこ)し　はなしませんか？

3

町・村

月 日 よう日

町
おん チョウ
くん まち
はねる
町 たへん 7かく
丨 冂 冊 冊 田 田一 町
ことば 町村（ちょうそん） となり町（まち）

村
おん ソン
くん むら
はねる
村 きへん 7かく
一 十 オ 木 木一 村 村
ことば 村立（そんりつ） 村人（むらびと）

①町内会（ないかい）の　あつまりに　ついて　いく。

②山（さん）村（まち）で　シャンソンショー。

③[　　]の　へいわを　おまもり　するゾ。

④山（やま）あいの　小（ちい）さな　[　　]（むら）。

きょうも よく がんばったぞ！ ここに ぶりぶりシール を はろう

よし、終（お）わったら　町内（ちょうない）を　パトロールだ!!　レッツゴー!!

3 4

王・車

王
ながく

おん オウ
くん —

車
とめる

おん シャ
くん くるま

王 たま　4かく　一 T 干 王

車 くるま　7かく　一 𠂆 冃 冃 冐 亘 車

ことば
王室(おうしつ)
王子(おうじ)
王女(おうじょ)

ことば
じどう車(しゃ)
車(くるま)いす

① くだものの 王（　　　　）さま、ドリアンは くさい。

② 三(さん)りん車（　　　　）に のって お出(で)かけ。

③ ライオンは 百(ひゃく)じゅうの □(おう) だゾ。

④ とうちゃんが □(くるま) を うんてんする。

きょうも よく がんばったぞ!
ここに ぶりぶりシールを はろう

月(がつ)　日(にち)　よう日(び)

かん字パズル②

かん字が はんぶんに なっちゃった！

かん字が はんぶんに おられて いるよ。
もとの かん字を 下の □に かこう！

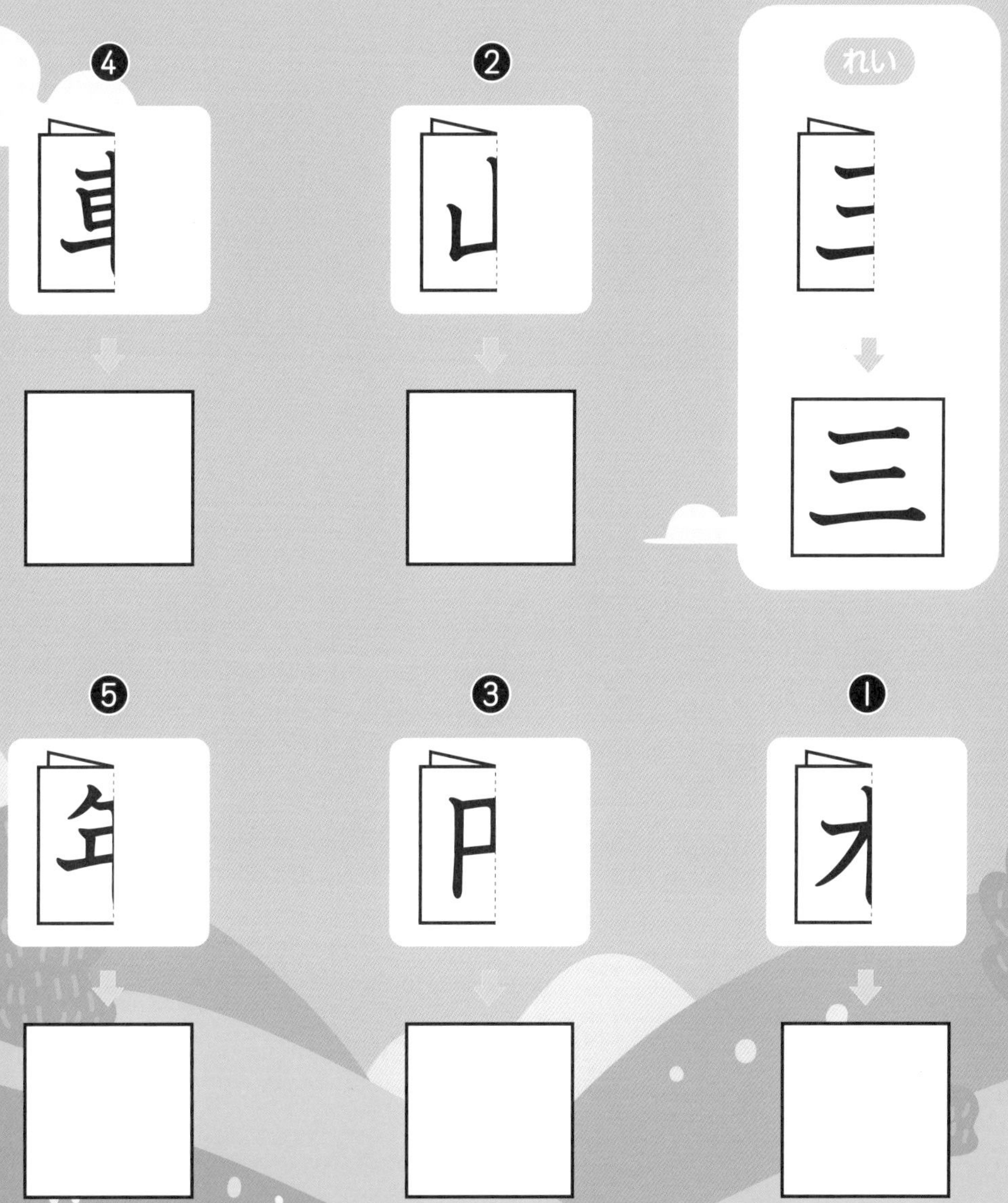

れい
三
④
②
⑤
③
①

ほい！
かくれて いる ぶぶんを そうぞうするのだ！

きょうも よく がんばったぞ！
ここに ぶりぶりシールを はろう

4

1 十・百
2 千・金
3 左・右
4 本・力

かすかべ書店
ウィン
ブラックリストレベル5が来店!! 左右に分かれて見はるわよ。
書店協会ブロックサイン
ラジャー。
パ パ パ
のこり一冊しかない“めめる”の写真集を立ち読みするもよう。
すぐにやめさせて!
写真集
この本くださいな。
うそぉっ、買ってくれるみたいです。
目の前にいるから わかる。サインいらんっ!
めめる
二千四百八十円もするけど…、お金もってる?
ない!!
帰れ!!
マサオくんにアメちょうだいって いったらくれたけど?
売り物の本と いっしょにすなっ!!
めめる
本を はなせっ!
オラのめめるぅ。
意外と力が強いわね。
あっ!
めめる売り切れかぁ…。ほしかったな…。
ドキッ
めめる写真集
えっ、ゆずってくれるの!?
おねいさんのためにキープしておきました☆
めめる
オラのおかげで本が売れたね。
ぼうやがいなくても売れてました!!

おしまい

本やさんでおかいものだゾ!

4-1 十・百

月 日 よう日

十
おん ジュウ ジッ〈ジュッ〉
くん とお と
十(じゅう) 2かく 一十
ことば 十人(じゅうにん) 十本(じっぽん) 十日(とおか)

百
おん ヒャク
くん —
百(しろ) 6かく 一丆丆百百百
ことば 百人(ひゃくにん) 百円(ひゃくえん)

① 九(きゅう)の つぎは 十。( )

② 九十九(きゅうじゅうきゅう)の つぎは 百。( )

③ [とお] 日(か)かんの バカンス。

④ 十(じゅう)が 十(じっ)こで [ひゃく] に なる。

きょうも よく がんばったぞ! ここに ぶりぶりシールを はろう

へぇー、すばらしい 学習能力(がくしゅうのうりょく)ね。

4 2

千・金

月(がつ)　日(にち)　よう日(び)

千
2
3
とめる

おん セン
くん ち

千　十(じゅう)　3かく　ノ　二　千

ことば
千(せん)　千円(せんえん)
二千年(にせんねん)
千よ紙(ちよがみ)

金
4
5
6
7
8
はらう

おん キン コン
くん かね かな

金　金(かね)　8かく　ノ　人　亼　今　今　全　余　金

ことば
金色(きんいろ)
金目(かねめ)
金づち(かなづち)

① きゃべつの 千ぎりを たべる。（　）

② 大人(おとな)が うかれる 金よう日(び)。（　）

③ きれいな もようの □(ち) よ紙(がみ)。

④ お □(かね) は だいじに つかおう。

きょうも よく がんばったぞ!
ここに ぶりぶりシールを はろう

しょせん 人生(じんせい)なんて けいかくどおり いかねえのさぁぁ〜。

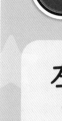

左・右

左 5かく（たくみ）
1 → 2 → 3 → 4 → 5 はらう
おん サ
くん ひだり
一 ナ 𠂇 左 左
左 左

ことば
左右(さゆう)　左(ひだり)　左手(ひだりて)

右 5かく（くち）
1 はらう → 2 → 3 → 4 → 5
おん ウ・ユウ
くん みぎ
ノ ナ 𠂇 右 右
右 右

ことば
左右(さゆう)　右(みぎ)　右手(みぎて)

月(がつ)　日(にち)　よう日(び)

①（　　）左 右(ゆう)、どっちが　どっち？（　　）

② その　かどを（　　）右 に　まがれば　オランちだ。

③ じてん車(しゃ)は［ひだり］がわつうこう。

④ ひまわりの［みぎ］がわに　立(た)つ。

きょうも　よく　がんばったぞ！
ここに　ぶりぶりシールを　はろう

あしたに　そなえて　こんやは　ぐっすり　ねむろう。

4 本・力

月(がつ) 日(にち) よう日(び)

本
2 1 3 4 5 はらう
おん ホン
くん もと

力
2 1 はねる
おん リョク リキ
くん ちから

本 き 5かく 一十才木本

力 ちから 2かく フカ

ことば
本人(ほんにん)
手本(てほん)

ことば
学力(がくりょく)
人力車(じんりきしゃ)
百人力(ひゃくにんりき)

① おこらないから 本（　）とうの ことを いいなさい。

② みんなで きょう力（　）して くみ立(た)てる。

③ ぶりぶりざえもんの え［ほん］を かいたゾ。

④［ちから］いっぱい ぞうきんを しぼる。

きょうも よく がんばったぞ! ここに ぶりぶりシールを はろう

助太刀(すけだち)いたす!!

おさらいテスト②

18〜28ページの　おさらいだゾ！

月　日

てん

1　―の　字の　よみかたを　かきましょう。（ひとつ　10てん）

① 七つの　石。（　）（　）

② のはらけの　王子さま。（　）

③ 左右を　よく　見て　みちを　わたる。（　）

2　□に　かん字を　かきましょう。（かん字　ひとつ　10てん）

① □□□（きゅう　じゅう　えん）で　おかいもの。

② □（ほん）やさんで　お□（かね）を　つかう。

3　つぎの　かん字の　かくすうは　いくつですか。○に　すう字を　かきましょう。（ひとつ　10てん）

① 車……○

② 百……○

字をていねいに
書くくせをつけてね！

きょうも　よく　がんばったぞ！
ここに
ぶりぶりシールを
はろう

5

①上・下 ②大・中 ③小・夕 ④日・玉

アクション デパート
さて、上のおもちゃうりばにでもいきますか。
今日は買わないわよ、下りてらっしゃい。
母ちゃん、オラトイレ～。
大のほう? 小のほう?
どっちかっていうと…、中?
なによそれ…。ほらいっていって!
…もういいや。なんかスッキリしたし♪
くるっ
やだ、もれちゃったの?
玉ねぎ!! にんじん!! じゃがいも!!
パッ パッ
今夜はカレーよっ!
そんなにいそぐとあぶないよ。
シャーーッ
早く帰ってお着がえしなきゃでしょっ!
お出かけの前はトイレにいっておいてね。
こってり・・・・わすれてました。
その夜
あれ? 夕はんはカレーっていってたのに…。
肉じゃが?
うっかりカレールゥを買いわすれまして…。

おしまい

アクションデパートにいくゾ!

上・下

月 日 よう日

上

おん ジョウ

くん
うえ あ(がる)
うわ のぼ(る)
かみ
あ(げる)

上 いち 3かく 丨ト上

ことば
ちょう上(じょう) 年上(としうえ)
上(あ)げる 上(のぼ)る
上手(じょうず)
(とくべつな よみかた)

下

おん カ ゲ

くん
した くだ(す)
しも くだ(さる)
さ(げる) お(ろす)
さ(がる) お(りる)
くだ(る)

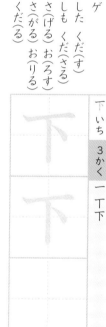

下 いち 3かく 一丅下

ことば
上下(じょうげ) 年下(としした)
下(くだ)る 下(お)ろす
下手(へた)
(とくべつな よみかた)

① チョコビを たべれば 気(き)ぶんが 上がる。（　　）

② とうちゃんの くつ下。（　　）

③ オラの [　　](うえ) に ひまわり。

④ おなかを [　　](くだ) して トイレに こもる。

た?

きょうも よく がんばったぞ! ここに ぶりぶりシールを はろう

パパの くつ下を あつかう ときは かならず マスクを すること!!

5 2

大・中

月(がつ) 日(にち) よう日(び)

大

おん ダイ タイ

くん おお おお(きい) おお(いに)

中

おん チュウ ジュウ

くん なか

大 だい 3かく 一ナ大

中 たてぼう 4かく 丨口口中

ことば

大学(だいがく)
大気(たいき)
大空(おおぞら)

ことば

中(ちゅう)くらい
水中(すいちゅう)
まん中(なか)

① オラの かぞくは 大（　）じな そんざい。

② 一日(いちにち) 中（　） あそんで いたい。

③ しょうらいは □(おお) ものに なる。

④ アイスは ひまわりの おなかの □(なか)。

きょうも よく がんばったぞ! ここに ぶりぶりシールを はろう

うきゃきゃきゃ。

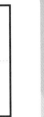

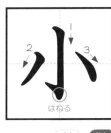

小・夕

小
1 2 3
はねる

おん ショウ
くん ちい(さい)　こ　お

夕
1 2 3
はらう

おん —
くん ゆう

小（しょう）　3かく　亅 小 小

小 小

夕（ゆうべ・た）　3かく　ノ ク 夕

夕 夕

ことば

小学生（しょうがくせい）
小さい（ちい）
小川（おがわ）

ことば

夕立（ゆうだち）
夕日（ゆうひ）
七夕（たなばた）
（とくべつな よみかた）

① （　　）小学一年生（がくいちねんせい）に あこがれる。

② （　　）夕やけの 空（そら）は あかねいろだゾ。

③ ひまわりは オラより □（ちい）さい。

④ □（ゆう）立（だ）ちは すぐに やむ。

きょうも よく がんばったぞ!
ここに ぶりぶりシールを はろう

月（がつ）　日（にち）　よう日（び）

雨（あめ）ふって 地（じ） かたまる… か。

5 4

日・玉

日

とめる

おん ニチ ジツ

くん ひ か

玉

とめる

おん ギョク

くん たま

日 ひ 4かく 丨冂月日

玉 たま 5かく 一丅干王玉

ことば

休日(きゅうじつ)　日(にち)よう日(び)　日(ひ)にち

ことば

玉石(ぎょくせき)　玉手(たまて)ばこ　水玉(みずたま)　目玉(めだま)

① 今日(きょう)は　なん**日**？（　　）

② 水(みず)**玉**もようの　ハンカチ。（　　）

③ □(ひ)だまりの　中(なか)で　ひるねしよう。

④ 目(め)□(だま)やきを　たべる。

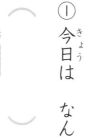

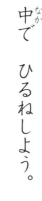

きょうも　よく　がんばったぞ！

ここに ぶりぶりシールを はろう

いい　わかいもんが　ゴロゴロして　ばかりじゃ　ダメでしょ!!

かん字パズル③

せんが 一本(いっぽん) きえちゃった！

つぎの 字(じ)は、せんが 一本(いっぽん) きえて いるよ。
せんや てんを かきたして 正(ただ)しい かん字(じ)に しよう。

れい 金(きん)

① 王(たま)

② ク(ゆう)

③ 村(むら)

④ 六(ろく)

⑤ 丁(した)

⑥ 十(せん)

⑦ 年(ねん)

正(ただ)しい 字(じ)を かきながら かんがえましょう。

きょうも よく がんばったぞ！
ここに ぶりぶりシールを はろう

ねぇねぇ シロってさ、どんな犬だっけ？

？

なに いってんだ？

ひかえめな目、ひかえめな口、ひかえめな足、ひかえめな耳でふわふわボディがシロだろ。

そうなんだけど…。

ふたごだったっけ？

わっ…！

どういうこと？

うちのメリーがすみません。

めっ
なんだ…見た目がそっくりな子が遊びに来ちゃったのね。

…で、どっちがウチのメリーですか？

かいぬしなのにわからないの？

こっちだってどっちがシロかわからないわよ。

「お手」！

やるわね シロちゃん。

ポン
ポン
どっちもかしこいな。

では、お手の つぎはこれ…「音」!!

カン
コン
カン
むむむ、メリーもやりますな。

これは？「おまた」！

くいっ
くいっ
くいっ
そこまでかしこいならさ…。

やめいっ!!

名前を よべばいいんじゃない？

おいで シロ！

メリー!!

さいしょからこうすりゃよかった。

おしまい

6

① 目・口

② 手・足

③ 耳・犬

④ 音・見

シロのにせものがあらわれたゾ！

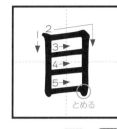

目・口

月(がつ)　日(にち)　よう日(び)

目

（stroke order: 1 2 3 4 5　とめる）

おん　モク
くん　め

口

（stroke order: 1 2 3　とめる）

おん　コウ　ク
くん　くち

目　め	5かく	丨 冂 月 月 目
目	目	

口　くち	3かく	丨 口 口
口	口	

ことば
五目(ごもく)そば
目上(めうえ)
目(め)

ことば
人口(じんこう)
口(く)ちょう
入(い)り口(ぐち)

① 目ぐすりを　さすのは　むずかしい。（　　　）

② 入(い)り口から　入(はい)る。（　　　）

③ 一日(いちにち)の　[　　]（もく）ひょうを　きめる。

④ あま[　　]（くち）の　カレーを　たべる。

きょうも よく がんばったぞ!
ここに ぶりぶりシールを はろう

やっぱり　ステキ、しんさま♡　ほかの　殿方(とのがた)とは　ちがいますわん。

手・足

月　日　ようび

手

おん　シュ
くん　て

手て　4かく　一 二 三 手

ことば
せん手（しゅ）
左手（ひだりて）
手紙（てがみ）

足

おん　ソク
くん　あし　た(りる)　た(る)　た(す)

足あし　7かく　丶 口 口 𠯁 𠯁 𧾷 足

ことば
一足（いっそく）
右足（みぎあし）
足首（あしくび）

① あく手を　すれば　おしりあい。（　　　）

② くつは　左右（さゆう）で　一足（いっ）と　かぞえる。（　　　）

③ おうだんほどうは　[て]　を　あげて　わたる。

④ ぶりぶりざえもんの　[あし]　あと。

きょうも よく がんばったぞ！
ここに ぶりぶりシールを はろう

よっしゃあ、ガンバロー。えいえいおーっ！

6 3

耳・犬

月 日 よう日

耳（6かく）
一 丅 下 下 E 耳 耳
おん ―
くん みみ
耳 みみ
ことば
右耳（みぎみみ） 耳元（みみもと）

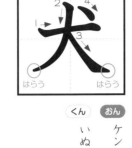

犬（4かく）
一 ナ 大 犬
おん ケン
くん いぬ
犬 いぬ
ことば
名犬（めいけん） 犬（いぬ）

①耳を すませる。
②シロは かしこい 犬だゾ。
③カザマくんの [みみ] に フー。
④かわいがって いる 犬を あい [けん] と いう。

きょうも よく がんばったぞ！ ここに ぶりぶりシールを はろう

ボクの 友だちって、へんなの ばっかりだ…。

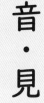

6 4

音・見

月 日 ようび

音

おん オン
くん おと ね

見

おん ケン
くん み(る) み(える) み(せる)

音 おと 9かく 丶 亠 亣 立 立 产 音 音 音

見 みる 7かく 丨 冂 冃 目 目 貝 見

ことば
音読（おんどく）
足音（あしおと）
本音（ほんね）

ことば
見学（けんがく）
見本（みほん）
見せもの（みせもの）

① おならの 音が（　　）した。

② 空気（くうき）も おならも 目（め）に 見（　　）えない。

③ ノリノリな □（おん）がくで おどる。

④ 手（て）りょうりの あじ □（み）を する。

きょうも よく がんばったぞ!
ここに ぶりぶりシールを はろう

しんのすけ、やさいも たべるのよ。

おさらいテスト③

30〜40ページの　おさらいだゾ！

月(がつ)　日(にち)

てん

1

―の　字(じ)の　よみかたを　かきましょう。　ひとつ　10てん

① シャボン玉(だま)が　ふわふわと　上（　　）がったり　下（　　）がったり。

② かあちゃんに　大(おお)目玉（　　）を　くらう。

2

□に　かん字(じ)を　かきましょう。　かん字　ひとつ　10てん

① だい　ちゅう　しょう　□□□　の　じゅんに　ならべる。

② おと　□　に　あわせて　て　□　を　たたく。

3

つぎの　かん字(じ)は　まちがって　います。□に　正(ただ)しい　かん字(じ)を　かきましょう。　ひとつ　10てん

① 耳 …… □

② 見 …… □

覚(おぼ)えた漢字(かんじ)は　どんどん使(つか)ってみるのよ！

きょうも　よく　がんばったぞ！　ここに　ぶりぶりシールを　はろう

7
①花・火
②水・虫
③草・空
④雨・貝
なぞなぞに ちょうせん するゾ！
なぞなぞね。花は 花でも 空に さく 花って なーんだ？
かんたんさ、こたえは 花火だね。
虫は 虫でも 口の 中に いる 虫は？
草の 中 じゃなくて 口？
わかった、虫歯ね!!
じゃあ…無口な 海の 生き物 なぁんだ？
海の 生き物は みんな しゃべらないよ？
カザマくんは ムネが ないなぁ。
ユメ…って いいたいのか？
…わかった！
こたえは 「貝」。
なるほど、貝は 口を とじて いる からだね。
せいかい!! 貝だけに…。
ボクからも いくよ!! アメは アメでも 甘くない アメは？
「雨」ね!!
どれどれ。
よせ!! 雨水は きれい じゃないぞ。
あーん
おなか こわすよ。
うちに 帰ると…
おなか いたい…。
病院で みてもらい ましょ！
雨は 甘くなかったけど、お薬は 甘かった～♪
？
シロップ薬

おしまい

7 1

花・火

月(がつ)　日(にち)　よう日(び)

花

くんれい: 一 十 艹 艹 芢 芲 花 の順に書く。

- 7かく
- 花 くさかんむり
- おん: カ
- くん: はな
- まげる　はねる

ことば: 花(か)だん　花(はな)たば　花火(はなび)

火

- 4かく
- おん: カ
- くん: ひ
- はらう

書きじゅん: 丶 丷 火 火

ことば: 火力(かりょく)　火山(かざん)　火花(ひばな)

①さくらの（花）は 春(はる)に さく。

②日本(にっぽん)には（火）山(ざん)が ある。

③[か]だんに まい日(にち) 水(みず)やりを する。

④[ひ]の ようじんは だいじだゾ。

きょうも よく がんばったぞ! ここに ぶりぶりシールを はろう

いたしかたない。身(み)に ふりかかる 火の粉(こ)は ふりはらわねば なるまい。

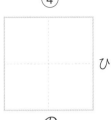

水・虫

月（がつ）　日（にち）　よう日（び）

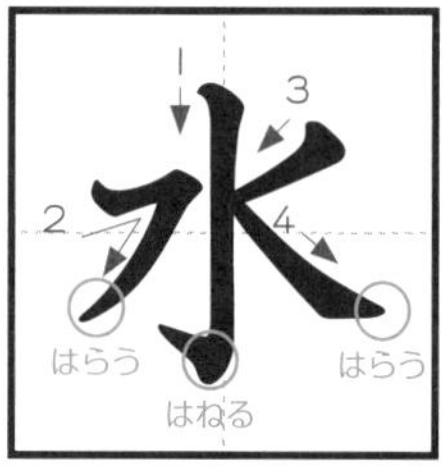
はらう
はねる
はらう

おん　スイ
くん　みず

水　みず　4かく　亅 才 才 水

水 水

ことば
水車（すいしゃ）
水草（みずくさ）

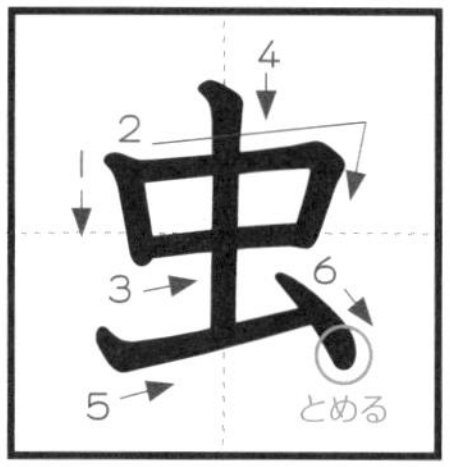
とめる

おん　チュウ
くん　むし

虫　むし　6かく　丶 ロ ロ 中 虫 虫

虫 虫

ことば
こん虫（ちゅう）
青虫（あおむし）
虫（むし）かご

① 水（　）とうに　おちゃを　入（い）れる。

② こん虫（　）を　つかまえに　いくゾ。

③ うみの　□（みず）　は　しょっぱい。

④ □（むし）　めがねで　おまたを　よーく　見（み）る。

きょうも　よく　がんばったぞ！
ここに　ぶりぶりシールを　はろう

本日（ほんじつ）の　ハナ水の　とうめい度（ど）、良好（りょうこう）。

草・空

月(がつ)　日(にち)　よう日(び)

草
(stroke order 1–9, とめる)

おん　ソウ
くん　くさ

草　くさかんむり　9かく
一 十 艹 艹 芇 芇 苩 苜 草

ことば
草原(そうげん)
道草(みちくさ)
草花(くさばな)

空
(stroke order 1–8, まげる)

おん　クウ
くん　そら　あ(く)　あ(ける)　から

空　あなかんむり　8かく
丶 丷 宀 宂 穴 穵 空 空

ことば
空気(くうき)
空(あ)きかん
空手(からて)
青空(あおぞら)

①　わかめは　かい**草**だゾ。（　　）

②　**空**っぽの　はこに　シロを　入(い)れる。（　　）

③　みち［くさ］せずに　ダッシュで　かえる。

④　ボーちゃんの　見上(みあ)げる［そら］は　ひろい。

きょうも　よく　がんばったぞ!
ここに　ぶりぶりシールを　はろう

あいは　あきらめませんわよ。しんさま♡

7 4

雨・貝

月(がつ) 日(にち) よう日(び)

雨

おん ウ
くん あめ あま

貝

おん —
くん かい

雨 あめ 8かく
一 ㇀ 冂 币 币 雨 雨 雨

ことば
雨天(うてん)
雨上がり(あめあがり)
雨音(あまおと)
大雨(おおあめ)

貝 かい 7かく
丨 冂 月 月 目 貝 貝

ことば
貝がら(かいがら)
赤貝(あかがい)

①（雨）の 日(ひ)でも へっちゃらだゾ。

② マサオくんが（貝）がらを ひろう。

③ みんなで □(あま) やどりを する。

④ ほたて □(がい) は おいしすぎるゾ。

きょうも よく がんばったぞ！ ここに ぶりぶりシールを はろう

きょうの マサオくんの 役(やく)は、エリート官僚(かんりょう) 38才(さい) 仕事(しごと)を バリバリ こなし 自宅(じたく)では 妻(つま)を こよなく 愛(あい)する 夫(おっと)ね。

かん字パズル④

くみあわせて かん字を つくろう！

上の カードと 下の カードを くみあわせて かん字を つくろう。できた かん字を □に かこう。

れい

一	艹	穴	目	立
工	白	八	日	化
	百			

つくろー。

四つの かん字を つくるんだぞ！

きょうも よく がんばったぞ！ ここに ぶりぶりシールを はろう

おきろー!!
休みの日だし
ねかせてくれよぉ…。
シャーーッ
たいっ。
しんのすけの
ランドセルを
見に
いきましょ。
くあっ
ランドセルって
…ちょっと早くない?
みんな
今くらいから
じゅんび
するのよ。
へぇ～。
出発
おしんこー♪
オラ
これが いい。
その色?
黒じゃ
なくて
いいの?
男の子でも
女の子でも
気に入った
色を えらぶのが
ベストですよ。
学校
たのしみ～。
いろいろ ためして
フィット感も
たしかめてね。
う～ん、
ジャストフィット♡
ひえっ!!
ぴとっ
やめい!!
おねだん
するけど
しかたないっ。
あははは
いっぱい
勉強して
りっぱな 大人に
なってもらおう!!
オラの 尻にも
ジャスト
フィット～♪
ぶんぶん
りっぱな
大人に
なれる
かしら…。

おしまい

8

①学・校
②男・女
③入・出
④休・早

ランドセルを
ためしに
いくゾ!

8 1

学・校

学

おん ガク

くん まな(ぶ)

学こ 8かく

ことば：学校(がっこう)　見学(けんがく)　学ぶ(まなぶ)

校

おん コウ

くん —

校きへん 10かく

ことば：校てい　下校(げこう)

① かん字(じ)を学(まな)んで　かしこく　なる。

② 学校(がっこう)の　チャイム。

③ こうじょうを　見(けん)[　　](がく)する。

④ [　　](こう)ちょう先生(せんせい)じゃなく　えんちょう先生(せんせい)。

きょうも よく がんばったぞ!

ここに ぶりぶりシールを はろう

月(がつ)　日(にち)　よう日(び)

なんなんだ!?　からだじゅうに　戦慄(せんりつ)が　はしったぜ。あいつ　いったい…。

8 ②

男・女

月(がつ)　日(にち)　よう日(び)

1
2
3
4
5
6
7
はねる

おん　ダン　ナン
くん　おとこ

1
2
3
すこし だす
とめる

おん　ジョ
くん　おんな

男　た　7かく
丨 冂 冊 田 田 男 男

ことば
男女(だんじょ)　男子(だんし)
長男(ちょうなん)
男の子(おとこのこ)

女　おんな　3かく
く 女 女

ことば
女子(じょし)
王女(おうじょ)
女の子(おんなのこ)

① 男の子(こ)を（　　）男子(し)と　いう。

② 女の子(こ)を（　　）女子(し)と　いう。

③ オラは □(おとこ) まえだゾ。

④ ひまわりは　かわいい　□(おんな) の子(こ)。

きょうも　よく　がんばったぞ！
ここに ぶりぶりシールを はろう

かっこいいなァ、しんちゃんて。

8 3

入・出

入 (はらう)

おん　ニュウ

くん　い(る)　い(れる)　はい(る)

出 (とめる)

おん　シュツ

くん　で(る)　だ(す)

入　いる　2かく　ノ入

ことば　入学（にゅうがく）　入り口（いりぐち）　入る（はいる）

出　しゅつじょう　5かく　｜屮屮出出

ことば　出場（しゅつじょう）　出あう（であう）　出す（だす）

月　日　よう日

① 入（　）じょうりょうを　はらう。

② たんけんに　出（　）ぱつする　ぼうえいたい。

③ □（い）れものを　おとして　わってしまった。

④ おしりを　□（だ）しては　いけません。

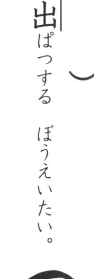

きょうも　よく　がんばったぞ！　ここに　ぶりぶりシールを　はろう

あっ、かえらなくちゃ。すくいの　ヒーローは、1日（にち）に　3時間（じかん）しか　はたらけないのだ。

休・早

月 日 ようび日

休	早
おん キュウ	おん ソウ
くん やす(む) やす(まる) やす(める)	くん はや(い) はや(まる) はや(める)
はらう	とめる
休 にんべん 6かく	早 ひ 6かく
ノ 亻 仁 什 休 休	丨 冂 日 日 旦 早

ことば
休日（きゅうじつ） 冬休み（ふゆやすみ）

ことば
早朝（そうちょう） 早い（はやい） 早口（はやくち） 早耳（はやみみ）

① おやつを たべて（　）休けいタイム。

②（　）早口（くち）ことばに ちょうせんする。

③ お［　］（やす）みの 日（ひ）は のんびり しよう。

④［　］（そう）朝（ちょう）は まだ ねむいゾ。

きょうも よく がんばったゾ！ ここに ぶりぶりシールを はろう

3時（じ）だし、ひまが ねてる あいだに ティータイムと いきやすか。

おさらいテスト④

42〜52ページの　おさらいだゾ！

月(がつ)　日(にち)

てん

1

―の　字(じ)の　よみかたを　かきましょう。　ひとつ　10てん

① えん足(そく)は　雨（　　）天中止(てんちゅうし)だ。

② 早く（　　）学校（　　）に　いきたいな。

2

□に　かん字(じ)を　かきましょう。　かん字(じ)　ひとつ　10てん

① □(そら)に　□□(はなび)が　上(あ)がる。

② □(かい)が　□(みず)を　はいた。

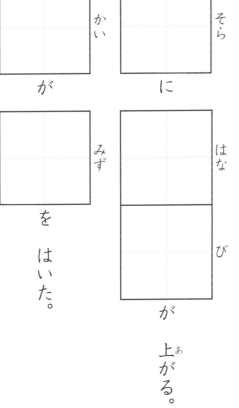

3

ふとい　せんは　なんばん目(め)に　かきますか。○に　すう字(じ)を　かきましょう。　ひとつ　10てん

① 入　○

② 女　○

きょうも　よく　がんばったぞ！　ここに　ぶりぶりシールを　はろう

書(か)き順(じゅん)にも
気(き)をつけて書(か)いてね！

わたしたち赤い糸でむすばれているのよ!!
トメ子ー!!
まるでオラとななこちゃんみたい。
ぐすっ
へ
ななこちゃんからえはがききたよー。
うひょーっ!!
ひら ひら
ぴょーん
ぴょーん
ああンイジワルぅ。
おかたづけできない子にはわたしません。
3分後
できないんじゃない…。しないだけさ!!
いばるな!! これからはおかたづけしてね!!
おもちゃばこ
いま忍と お父さんの別荘に来ています
青い海と白い雲がきれいよ
来年はしんちゃんもいっしょにいこうね!!
ななこ
ななこちゃんのところへ旅立ちやす!!
しゃき
来年ってかいてあったでしょ!! それよりもお返事かいたら?
イケメンな字でかきたいな。
しせいを正しくすると文字がかきやすいわよ。
やめっ
ぜったい らいねん いくぞ しんの おけ
お返事?
うん。

おしまい

9

① 赤・青
② 白・糸
③ 文・字
④ 正・立

えはがきをもらったゾ!

9 1

赤・青

月（がつ） 日（にち） よう日（び）

赤

はらう　とめる

おん：セキ
くん：あか、あか（い）、あか（らむ）、あか（らめる）

青

とめる　はねる

おん：セイ
くん：あお、あお（い）

赤　あか　7かく
一 十 土 㐄 𧺆 赤 赤

青　あお　8かく
一 十 キ 主 丰 青 青 青

ことば
赤十字（せきじゅうじ）
赤（あか）ちゃん
赤字（あかじ）

ことば
青年（せいねん）
青空（あおぞら）
青（あお）い

---

① お赤はんに（　　）ごましおを　かける。

② よく　はれた　空（そら）を　青天（てん）と（　　）いう。

③ ［　　］（あか）とんぼは　あきの　虫（むし）。

④ ななこちゃんの　べっそうは　空（そら）も　うみも　［　　］（あお）い。

きょうも よく がんばったぞ!
ここに ぶりぶりシールを はろう

ボクは　ちょっぴり　さびしげな　秋（あき）の　公園（こうえん）が　すきなんだ。

9 2

白・糸

月 日 よう日

白

おん ハク

くん しろ　しろ(い)　しら

白 しろ　5かく

ノ 亻 白 白 白

ことば

白鳥(はくちょう)
白くま(しろくま)
白木(しらき)

糸

とめる

おん シ

くん いと

糸 いと　6かく

ㄑ 幺 幺 糸 糸 糸

ことば

金糸(きんし)
毛糸(けいと)
糸口(いとぐち)

①（　　）白ばに　のって　王子(おうじ)さまが　あらわれる。

②ひやしちゅうかに　のった　きん（　　）糸たまご。

③やっぱり　シロは　□(しろ)い。

④け□(いと)で　あんだ　セーター。

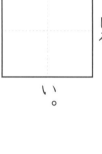

きょうも よく がんばったぞ!
ここに ぶりぶりシールを はろう

お助(たす)け料(りょう)は？

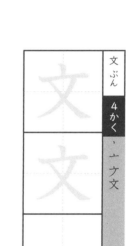

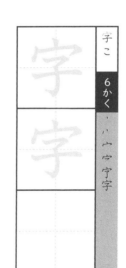

文・字

文

おん ブン・モン
くん —

はらう

文 ぶん
4かく
丶 亠 ナ 文

ことば
文学（ぶんがく）
天文学（てんもんがく）
文字（もじ）

字

おん ジ
くん —

はねる

子 こ
6かく
丶 丶' 宀 宀 字 字

ことば
字（じ）
かん字（じ）

月（がつ）　日（にち）　よう日（び）

① きれいに　文字を　かくと　気（き）もちが　いいゾ。（　　）（　　）

② かん字には　たくさんの　しゅるいが　ある。（　　）

③ □（ぶん）しょうを　よみ上（あ）げる。

④ すう□（じ）を　じゅんばんに　かく。

きょうも　よく　がんばったゾ！
ここに　ぶりぶりシールを　はろう

やだ!!　オレは　もう　つかれた。

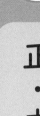

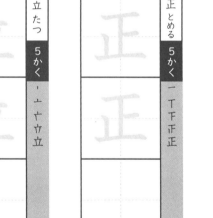

9-4 正・立

月　日　よう日

正

おん　セイ　ショウ

くん　ただ(しい)　ただ(す)　まさ

正　とめる

5かく

一　丅　下　正　正

ことば

正門（せいもん）

正月（しょうがつ）

正しい（ただしい）

立

おん　リツ

くん　た(つ)　た(てる)

5 ながく

立　たつ

5かく

亠　亠　立　立　立

ことば

立冬（りっとう）

町立（ちょうりつ）

立ちばなし（たちばなし）

---

① 正じきに　はなして　すっきりした。（　　）

② 立体（たい）てきな　えいぞう。（　　）

③ ［　　］（ただ）しい　かん字（じ）を　学（まな）ぶ。

④ かすかべの　ために　［　　］（た）ち上（あ）がる。

きょうも よく がんばったぞ! ここに ぶりぶりシールを はろう

みんなも　カゼに　負（ま）けない　強（つよ）い　体（からだ）を　つくりましょう。

かん字パズル 5

かん字の たしざん、ひきざんを しよう！

かん字の たしざん、ひきざんを して、できた かん字を □に かこう。

なるほど…。

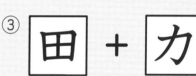

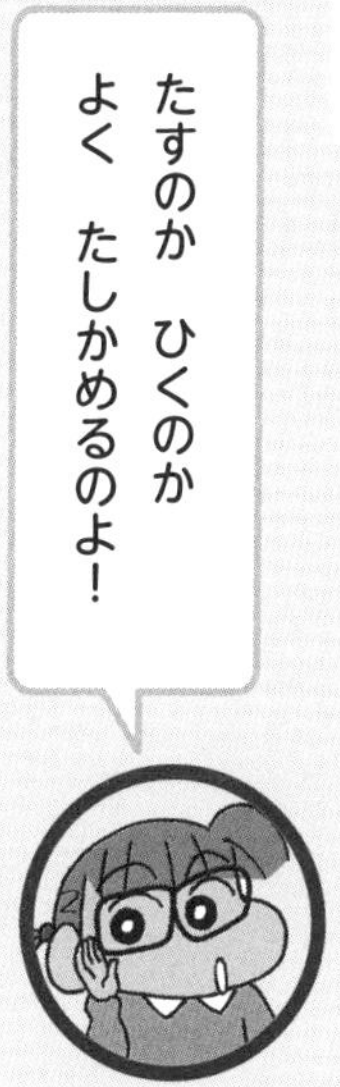
たすのか ひくのか よく たしかめるのよ！

れい　夕 ＋ 口 ＝ 名

① 日 ＋ 十 ＝ □

② 百 － 一 ＝ □

③ 田 ＋ 力 ＝ □

④ 字 － 宀 ＝ □

⑤ 音 － 日 ＝ □

きょうも よく がんばったぞ！ ここに ぶりぶりシールを はろう

10

① 田・土

② 石・竹

③ 林・森

④ 天・気

秋田のじいちゃんちにきたゾ!

いやあ いい天気だなぁ。
森に田んぼに おいしい空気 最高だわ。
どうじゃ、でっかいじゃろ!
オラだって まけないぞーっ!
みてみて でっかいでしょ!
土が いいのかしら、りっぱな やさい ばっかり。
うん…
石みたいな ゲンコツ だったね…。
あっちには なにが あるの?
あの 竹林 はな…。
きりっ
パンダが 出るちゅー ウワサじゃ!!
おおお!!
ほーっ
いいかげんな こと いわないで ください。
ガサガサッ
ほれ くるぞ!!
マジかよ!?
ガサッ
ハロー♪
ばあちゃん。
竹林の むこうに パン屋が あってね。買って きたよ!
パンだ!!
メシにしよ。
たしかに 出たね…「パンだ」。

おしまい

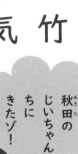

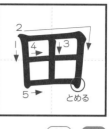

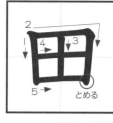

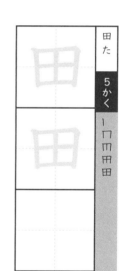

田・土

月(がつ) 日(にち) よう日(び)

田
おん デン
くん た

1 2 3 4 5 とめる

土
おん ド ト
くん つち

1 2 3 とめる

田 た 5かく
丨 冂 田 田 田

土 つち 3かく
一 十 土

ことば
水田(すいでん)
田(た)んぼ

ことば
ねん土(ど)
土手(どて)
土地(とち)
赤土(あかつち)

①（　　）田うえは　とっても　つかれるゾ。

②（　　）ねん土で　うんちを　つくっちゃおう。

③ □(でん)えんの　ふうけいを　ながめる。

④ もぐらは　□(つち)の　中(なか)に　いる。

きょうも よく がんばったぞ!
ここに ぶりぶりシールを はろう

しんちゃん　ごくろうさま。よく　ガンバったね。

10 2

石・竹

月(がつ) 日(にち) よう日(び)

石

1 2 3 4 5 はらう

おん セキ シャク

くん いし

竹

1 2 3 4 5 6 はねる

おん チク

くん たけ

石 いし	5かく	一 ア 不 石 石

竹 たけ	6かく	ノ ㇒ ケ ケ ケ 竹

ことば

か石(せき)
じ石(しゃく)
小石(こいし)

ことば

竹林(ちくりん)
竹(たけ)とんぼ

① ひまわりは ほう石（　　）が すきだゾ。

② 竹（　　）林(りん)には 竹ばっかり 生(は)えている。

③ オラの あたまは □(いし) のように かたいゾ。

④ □(たけ) うまを のりこなそう。

きょうも よく がんばったぞ！
ここに ぶりぶりシールを はろう

ハハ…、わが家(や)は きょうも 平和(へいわ)だな。

林・森

月(がつ)　日(にち)　よう日(び)

林

おん　リン

くん　はやし

林　きへん

8かく

一 十 才 木 木 村 材 林

ことば　山林(さんりん)　林(はやし)

森

おん　シン

くん　もり

森　き

12かく

一 十 才 木 本 本 朩 森 森 森 森 森

ことば　森林(しんりん)　森(もり)

①　林間学校(かんがっこう)に　いく。（　　）

②　森林(りん)には　どうぶつが　たくさん　いる。（　　）

③　木(き)が　二(ふた)つで　［はやし］　だゾ。

④　木(き)が　三(みっ)つで　［もり］　に　なるゾ。

きょうも　よく　がんばったぞ！　ここに　ぶりぶりシールを　はろう

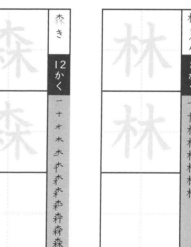

てめーら、紅(べに)さそりの　おきて　その4　わすれたのか!!　『トイレは　流(なが)しても　流行(りゅうこう)に　流(なが)されるな!!』

天・気

月(がつ)　日(にち)　よう日(び)

天

おん：テン
くん：あま

1 2 3 4 はらう

だい 天
4かく
一 二 チ 天

ことば
天下(てんか)
天文学(てんもんがく)
天(あま)の川(がわ)

気

おん：キ ケ
くん：―

1 2 3 4 5 6 はねる

きがまえ 気
6かく
ノ 𠂉 ⺈ 气 気 気

ことば
空気(くうき)
本気(ほんき)
火(ひ)の気(け)

① 天(　　)気(き)よほうを チェックする。

② 人(にん)気(　　)ものも たいへんだゾ。

③ □(てん)さいてきな 五(ご)さいじだゾ。

④ げん□(き)に あいさつを する。

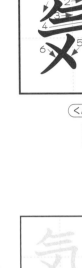

きょうも よく がんばったぞ! ここに ぶりぶりシールを はろう

おさらいテスト⑤

54～64ページの　おさらいだゾ！

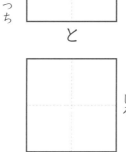

月　日

てん

1

―の　字の　よみかたを　かきましょう。　ひとつ　10てん

① 正めんの　ドアから　入る。（　　）

② 土よう日の　天気を　しらべよう。（　　）（　　）

2

□に　かん字を　かきましょう。　かん字ひとつ　10てん

① □（あか）と　□（あお）と　□（しろ）の　クレヨン。

② □（た）んぼの　□（つち）で　どろまみれ。

3

つぎの　かん字の　かくすうは　いくつですか。○に　すう字を　かきましょう。　ひとつ　10てん

① 林　○

② 気　○

覚えるまで、何度も復習するのよ！

きょうも　よく　がんばったぞ！　ここに　ぶりぶりシールを　はろう

1年 かくにんテスト①

月　日

てん

1 ―の　かん字の　よみかたを　かきましょう。　1もん　5てん

①（　　）先生
②（　　）十円玉
③（　　）三りん車（　　）
④（　　）左右
⑤（　　）学力
⑥（　　）上下
⑦（　　）休日
⑧（　　）人口
⑨（　　）本音
⑩（　　）文字

2 □に　かん字を　かきましょう。　1もん　5てん

① ねんげつ □□
② むらびと □□
③ おうじ □□
④ くるま □
⑤ お かね □
⑥ あし □
⑦ みみ □
⑧ はなび □□
⑨ あおぞら □□
⑩ いと □

きょうも　よく　がんばったぞ！
ここに　ぶりぶりシールを　はろう

1年 かくにんテスト②

月　日

てん

1

―の かん字の よみかたを かきましょう。 1もん 5てん

① 女子（　　）

② 名字（　　）

③ 七日（　　）

④ 三日月（　　）

⑤ 下る（　　）

⑥ 左足（　　）

⑦ こん虫（　　）

⑧ 雨天（　　）

⑨ 正じき（　　）

⑩ 森林（　　）

2

□に かん字を かきましょう。 1もん 5てん

① □□（ふつか）

② お□（お）□（がわ）

③ □（せん）□（えん）

④ □（みぎ）□（て）

⑤ □（ちから）

⑥ □（ゆう）方（がた）

⑦ □（いし）

⑧ □（かい）がら

⑨ □（すい）□（でん）

⑩ □（たけ）

きょうも よく がんばったぞ!
ここに ぶりぶり シールを はろう

1年 かくにんテスト③

月　日

てん

1 なかまの かん字を かきましょう。

かん字 ひとつ 5てん

① げつ　か　すい　もく
　 きん　ど　にち

② くち　みみ　め　て　あし

③ やま　かわ　はやし　もり

2 はんたいの いみの かん字を かきましょう。

かん字 ひとつ 5てん

① おお きい ⇔ ちい さい

② みぎ ⇔ ひだり

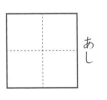

きょうも よく がんばったぞ!
ここに ぶりぶりシールを はろう

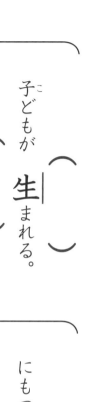

1年 かくにんテスト④

月(がつ)　日(にち)

てん

1 ―の かん字(じ)の よみかたを かきましょう。 ひとつ 6てん

①
- 子(こ)どもが （　）生まれる。
- ひげが （　）生える。
- （　）生たまご

②
- にもつを （　）下ろす。
- てつぼうに ぶら（　）下がる。
- （　）下じき

③
- （　）空を 見上(みあ)げる。
- （　）空っぽの はこ。
- ざせきが （　）空く。

④
- （　）正じきに はなす。
- （　）正しい こたえ。
- （　）正もんから 入る。

2 つぎの かん字(じ)の よみかたを かきましょう。 1もん 7てん

① （　）大人
② （　）一人
③ （　）上手
④ （　）二日

きょうも よく がんばったぞ！
ここに ぶりぶりシールを はろう

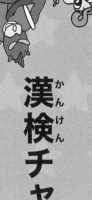

漢検チャレンジ①

月　　日

てん

1

ーの　かん字の　よみかたを　かきましょう。

ことば　ひとつ　5てん

① 町（　）の　としょかんに　出（　）かけて　本（　）を　三（　）さつ　かりた。

② 休（　）みの　日（　）に　みちで　先生（　）を　見（　）かけた。

③ 森（　）に　生（　）えて　いる　木（　）の　名（　）まえを　しらべる。

④ 白（　）い　犬（　）の　耳（　）が　ぴんと　立（　）って　いる。

2

ふとい　せんは　なんばん目に　かきますか。○に　すう字を　かきましょう。

1もん　5てん

① 水……○

② 足……○

③ 玉……○

④ 右……○

きょうも　よく　がんばったぞ！　ここに　ぶりぶりシールを　はろう

漢検（かんけん）チャレンジ②

1

□に かん字（じ）を かきましょう。

ことば ひとつ 7てん

① □□（がっこう）の □（か）だんの □（つち）の □（なか）で □（むし）を □（み）つけた。

② □□（ごにん）の □（こ）どもが □（て）を □（かわ）ぞいを あるいて いる。

2

よみがなが 正（ただ）しい ほうの ばんごうに ○を つけましょう。

1もん 6てん

① 女子
1 じょし
2 ぢょし

② 名人
1 めえじん
2 めいじん

③ 八本
1 はっぽん
2 はつぽん

④ 王さま
1 おうさま
2 おおさま

⑤ 百人
1 ひやくにん
2 ひゃくにん

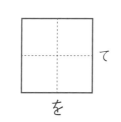

月（がつ）　日（にち）

てん

きょうも よく がんばったぞ!
ここに ぶりぶりシールを はろう

漢検チャレンジ③

1

ーの かん字の よみかたを かきましょう。

ことば ひとつ 8てん

① おとうとは 五月（ ）生まれだ。 あかるい 月（ ）を 見上げる。

② ぼくは 足（ ）が はやい。 えん足（ ）で 山に いく。

③ ざっ草（ ）が 生えて くる。 草（ ）むしりを する。

④ 金（ ）いろの メダル。 さいふに お金（ ）を 入れる。

2

□に かん字を かきましょう。

1もん 6てん

① 村…□ まち

② 左…□ みぎ

③ いわ…□ いし

④ おや…□ こ

⑤ 草…□ はな

⑥ 百…□ せん

月 日

てん

きょうも よく がんばったぞ！

ここに ぶりぶりシールを はろう

漢検(かんけん)チャレンジ④

月(がつ)　日(にち)

てん

1

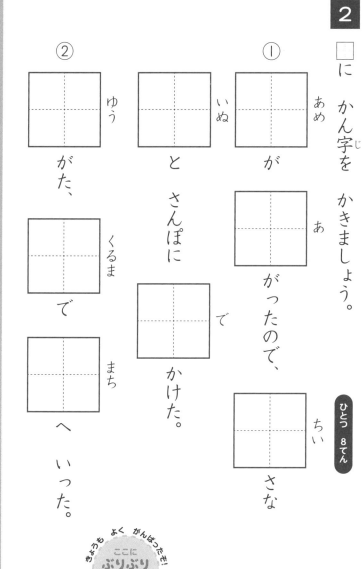

□に ひらがなを かいて、ことばの よみを かんせいさせましょう。　ひとつ 6てん

① 石ころ……い□ころ

② 男子……だ□し

③ 貝がら……□いがら

④ 六つ……□っつ

⑤ 五円玉……□えん□ま

2

□に かん字(じ)を かきましょう。　ひとつ 8てん

① あめ□が あ□がったので、ちい□さな いぬ□と さんぽに で□かけた。

② ゆう□がた、くるま□で まち□へ いった。

きょうも よく がんばったぞ!
ここに ぶりぶり シールを はろう

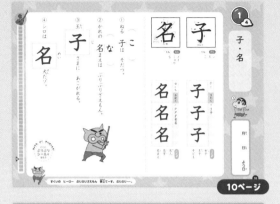

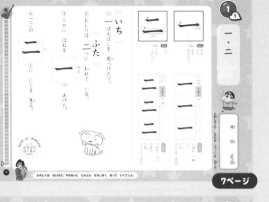

こたえあわせだゾ！

7ページ　一・二

一　二

① （いち）一ばんぼしを 見つけたゾ。
② おしりは （ふた）二つに われて いる。
③ シロに ほねを 一つ あげた。
④ ここの 二じに にじを 見る。

8ページ　三・人

三　人

① （みっ）三日ぶりの おつうじだゾ。
② うちゅう人に （じん）あいに いこう。
③ 三かい まわって 「ワン」と なく。
④ アクション仮面の 人ぎょうだゾ。

9ページ　先・生

先　生

① よしなが先生の （せん）名まえは みどりだゾ。
② （なま）生むぎ、生ごめ、生たまご が いえた。
③ かけっこは 先に ゴールした 人の かちだゾ。
④ 生きものには やさしく しよう。

10ページ　子・名

子　名

① ねる （こ）子は そだつ。
② かれの （な）名まえは ぶりぶりざえもん。
③ 王子さまに あこがれる。
④ シロは 名犬だゾ。

11ページ

かん字パズル①

まちがい かん字に 気を つけろ！

正しい かん字の みちだけを とおって、シロを むかえに いこう！

スタート　二　十　三　名　先　生　人　モ　ゴール

13ページ　四・五

四　五

① （よ）四人と 一ぴき。
② オラは （ご）五さいの 男の子。
③ かくいつ み木。
④ 五かくけいは ペンタゴン〜ン。

14ページ　六・山

六　山

① （ろく）六月は よく 雨が ふるゾ。
② （やま）山のぼりに しゅっぱつ しんこう！
③ 六つ 入りの おかし。
④ ふじ山は すごく たかい。

15ページ　川・木

川　木

① とうちゃんと （かわ）川で あそぶゾ。
② （もく）木よう日に ゴミを すてる。
③ 川の 字に ならんで ねる。
④ かすかべの まちに 木を うえる。

16ページ　月・年

月　年

① （つき）月の うさぎは もちつき名人。
② （ねん）一年は 十二か月 ある。
③ 今月は あと なん日？
④ すてきな 年上の おねえさん。

17ページ

おさらいテスト①

6〜16ページの おさらいだゾ〜

1 ―の 字の よみかたを かきましょう。

① 木よう日が くる。（もく）
② 五人の なかま。（ご）
③ とうちゃんの ヒゲが 生える。（は）

2 に かん字を かきましょう。

① オラの 名まえは しんのすけ。
② 二つの 山が 見える。

3 ふとい せんは なんばん目に かきますか。○に すう字を かきましょう。

① 生 3
② 年 5

漢字のいろいろな 読み方を覚えようね！

19ページ

七・八

① 一しゅうかんは 七日 ある。（なの）
② ハチが 八ひき とんで いる。（はち）
③ 七じに めざましどけいが なる。
④ 八つあたりは よく ないゾ。

20ページ

九・円

① 九本の きゅうり。（きゅう）
② 円い くもが 空に うかんで いる。（まる）
③ 九月は えいごで セプテンバー。
④ 百円 はらって おつりを もらう。

よかったら 少し はなしませんか？

21ページ

町・村

① 町内会の あつまりに ついて いく。（ちょう）
② 山村で シャンソンショー。（そん）
③ 町の へいわを おまもり するゾ。
④ 山あいの 小さな 村。

よし、終わったら 町内を パトロールだ!! レッツゴー!!

22ページ

王・車

① くだものの 王さま、ドリアンは くさい。（おう）
② 三りん車に のって お出かけ。（しゃ）
③ ライオンは 百じゅうの 王だゾ。
④ とうちゃんが 車を うんてんする。

マイペース、マイペース。

23ページ

かんじパズル②

かん字が はんぶんに なっちゃった！

かん字が はんぶんに おられて いるよ。もとの かん字を 下の □に かこう！

れい 三
① 木
② 山
③ 円
④ 車
⑤ 年

かくれて いる ぶぶんを そうぞうするのだ！

ほい！

25ページ

十・百

① 九の つぎは 十。（じゅう）
② 九十九の つぎは 百。（ひゃく）
③ 十日かんの バカンス。
④ 十が 十こで 百に なる。

へぇ〜、すばらしい 学習能力ね。

26ページ

千・金

① きゃべつの 千ぎりを たべる。（せん）
② 大人が うかれる 金よう日。（きん）
③ きれいな もようの 千よ紙。
④ お金は だいじに つかおう。

しょせん 人生なんて けいかくどおり いかねえのさぁ〜。

27ページ

左・右

① 左、右、どっちが どっち？（さ）
② その かどを 右に まがれば オラんちだ。（みぎ）
③ じてん車は 左がわつうこう。
④ ひまわりの 右がわに 立つ。

あしたに そなえて こんやは ぐっすり ねむろう。

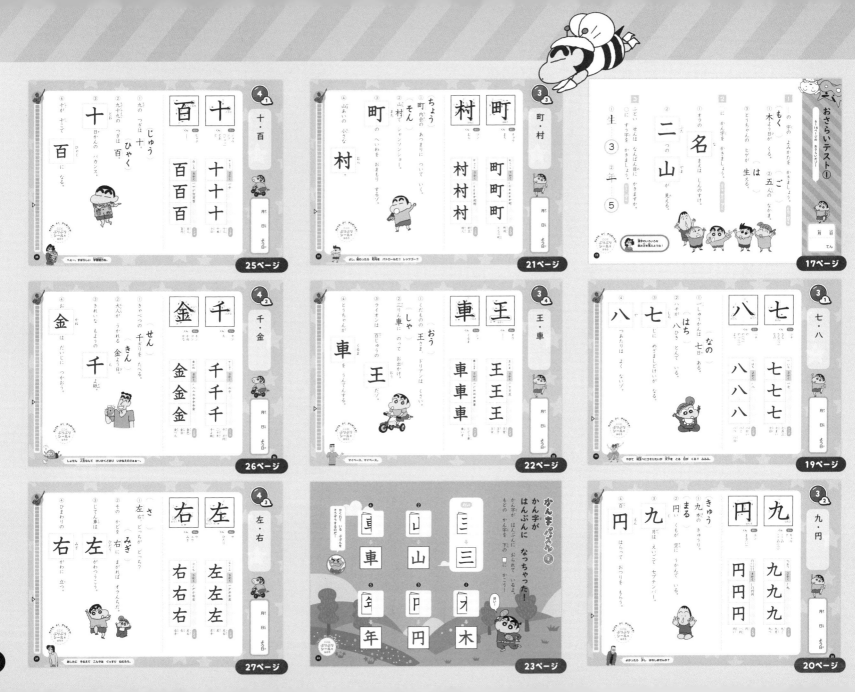

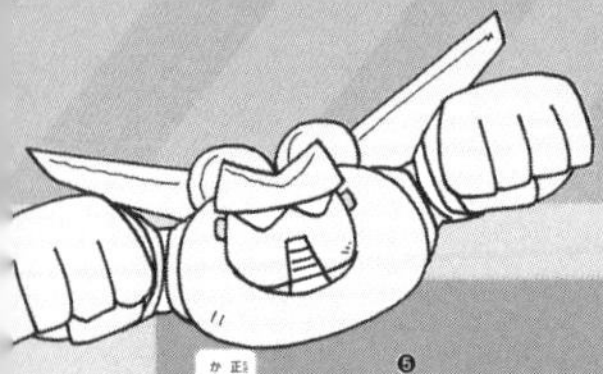

こたえあわせだゾ！

28ページ

4-4 本・力

本　力

① おこらないから 本とうの ことを いいなさい。（ほん）

② みんなで きょう力して くみ立てる。（りょく）

③ ぶりぶりざえもんの 本 を かいたゾ。

④ 力 いっぱい ぞうきんを しぼる。

32ページ

5-2 大・中

大　中

① オラの かぞくは 大じな そんざい。（だい）

② 一日中 あそんで いたい。（じゅう）

③ しょうらいは 大 ものに なる。

④ アイスは ひまわりの おなかの 中。

うきゃきゃきゃ。

35ページ

かんじパズル③ せんが 一本 きえちゃった！

つぎの 字は せんが 一本 きえて いるよ。せんや てんを かきたして 正しい かん字に しよう。

れい 金　① 玉　② 夕　③ 村　④ 六　⑤ 下　⑥ 千　⑦ 年

正しい 字を かきながら かんがえましょう。

29ページ

おさらいテスト②

1〜28ページの おさらいだゾ

1 の 字の よみかたを かきましょう。

① 七つの 石。（なな）

② のはらけの 王子さま。（おう）

③ 左右を よく 見て みちを わたる。（さゆう）

2 に かん字を かきましょう。

① 九十円 で おかいもの。

② 本 やさんで お 金 を つかう。

3 つぎの かん字の かくすうは いくつですか。○に すう字を かきましょう。

① 車 7　② 百 6

字をていねいに 書くくせをつけてね！

33ページ

5-3 小・夕

小　夕

① 小学一年生に あこがれる。（しょう）

② 夕やけの 空は あかねいろだゾ。（ゆう）

③ ひまわりは オラより 小 さい。

④ 夕 立ちは すぐに やむ。

雨ふって 地 かたまる〜か。

37ページ

6-1 目・口

目　口

① 目ぐすりを さすのは むずかしい。（め）

② 入り口から 入る。（ぐち）

③ 一日の 目 ひょうを きめる。

④ あま 口 の カレーを たべる。

やっぱり ステキ、しんさまっ。ほかの 殿方とは ちがいますわん。

31ページ

5-1 上・下

上　下

① チョコビを たべれば 気ぶんが 上がる。（あ）

② とうちゃんの くつ下。（した）

③ オラの 上 に ひまわり。

④ おなかを 下 して トイレに こもる。

パパの くつ下を あつかう ときは かならず マスクを すること!!

34ページ

5-4 日・玉

日　玉

① 今日は なん日？（にち）

② 水玉もようの ハンカチ。（たま）

③ 日 だまりの 中で ひるねしよう。

④ 目 玉 やきを たべる。

いい わかいもんが ゴロゴロして ばかりじゃ ダメでしょ!!

38ページ

6-2 手・足

手　足

① あく手を すれば おしりあい。（しゅ）

② くつは 左右で 一足と かぞえる。（そく）

③ おうだんほどうは 手 を あげて わたる。

④ ぶりぶりざえもんの 足 あと。

よっしゃあ、ガンバロー、えいえいおー っ！

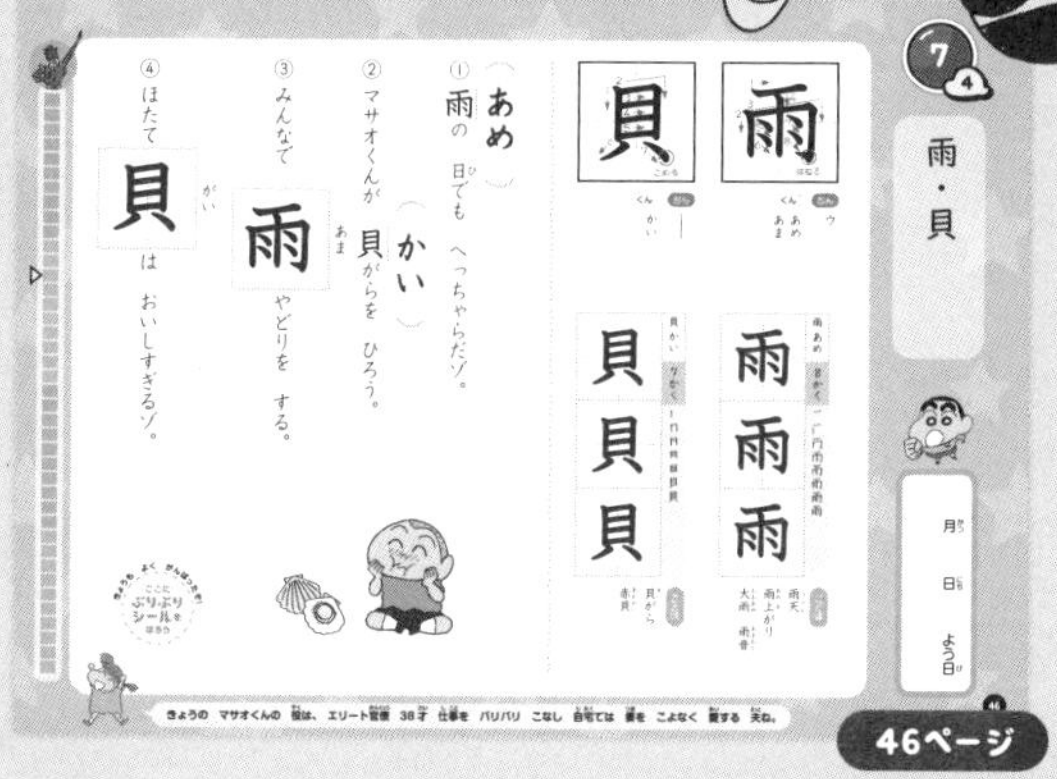

7-4
雨・貝
雨
貝
① (あめ) 雨の 日でも へっちゃらだゾ。
② マサオくんが 貝がらを (かい) ひろう。
③ みんなで 雨やどりを する。
④ ほたて 貝は おいしすぎるゾ。
46ページ

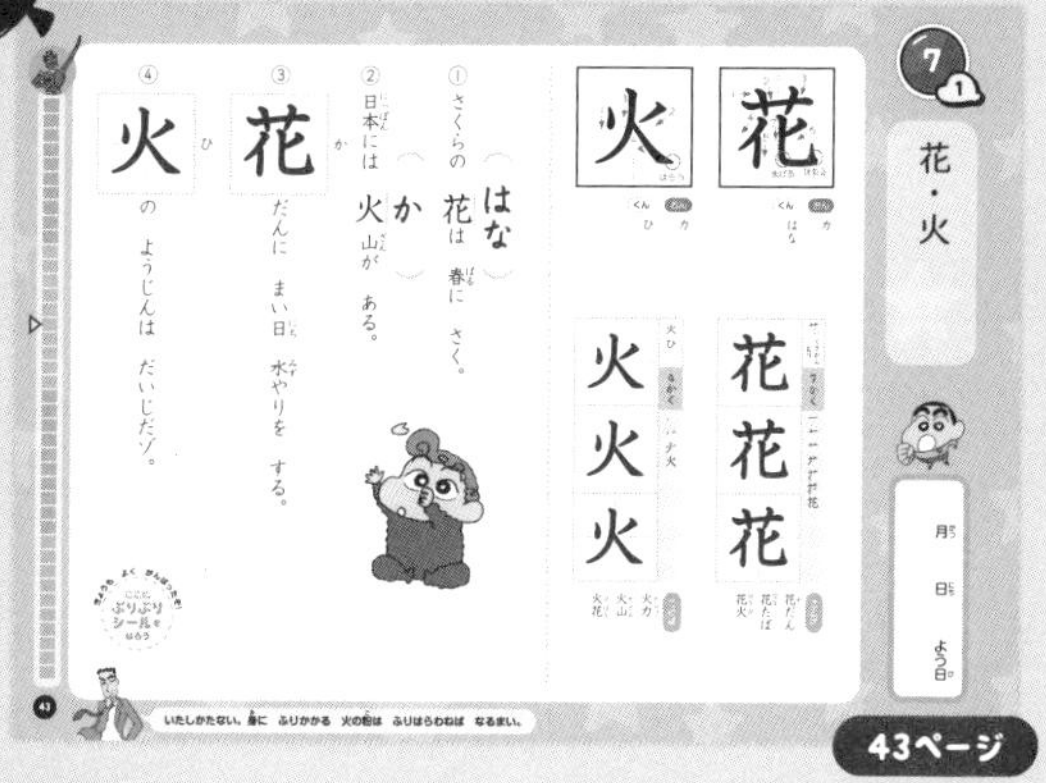

7-1
花・火
花
火
① さくらの 花は (はな) 春に さく。
② 日本には 火山が (か) ある。
③ 花だんに まい日 水やりを する。
④ 火の ようじんは だいじだゾ。
43ページ

6-3
耳・犬
耳
犬
① 耳を (みみ) すませる。
② シロは かしこい 犬だゾ。(いぬ)
③ カザマくんの 耳に フー。
④ かわいがって いる 犬を あい犬と いう。
39ページ

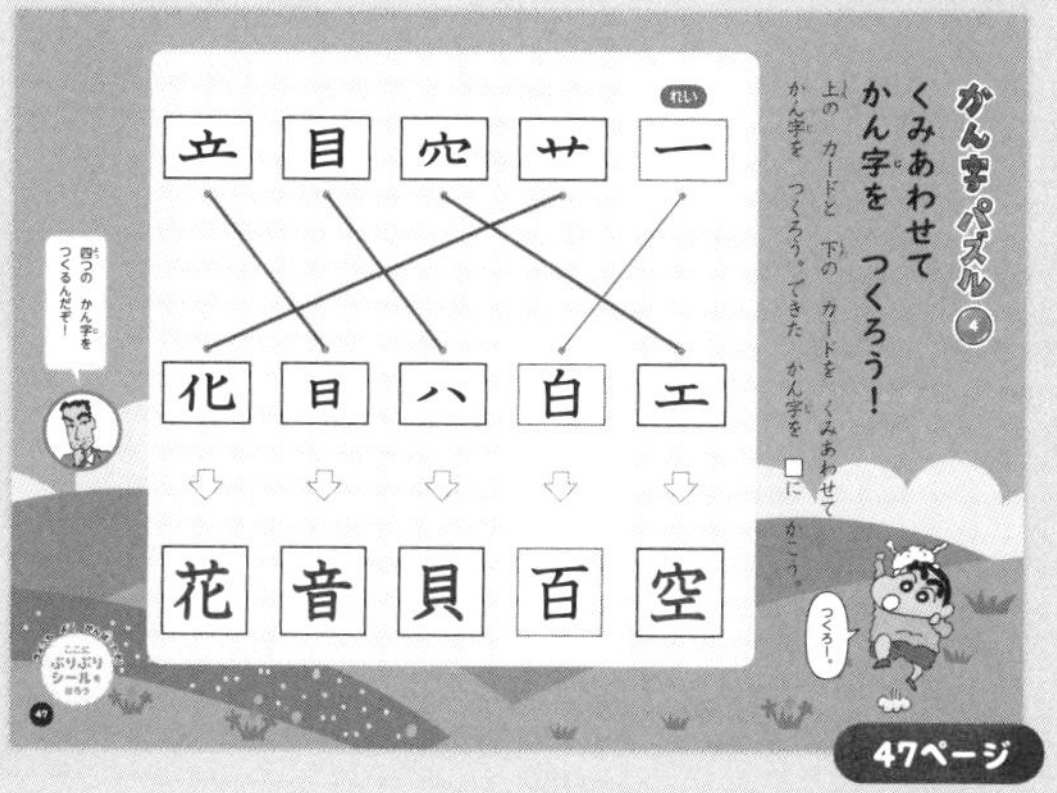

かん字パズル④
くみあわせて かん字を つくろう！
上の カードと 下の カードを くみあわせて かん字を つくろう。できた かん字を □に かこう。
れい
立 目 穴 艹 一
化 日 八 白 工
花 音 貝 百 空
47ページ

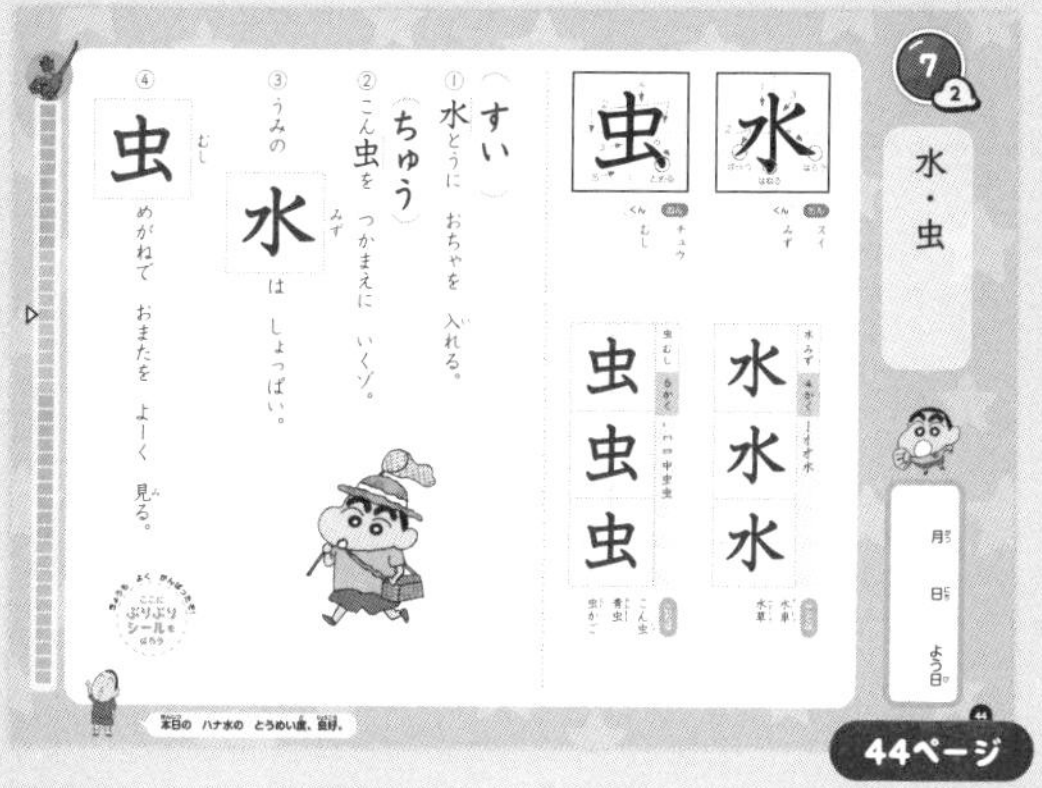

7-2
水・虫
水
虫
① 水どうに (すい) おちゃを 入れる。
② こん虫を (ちゅう) つかまえに いくゾ。
③ うみの 水は しょっぱい。
④ 虫めがねで おまたを よーく 見る。
44ページ

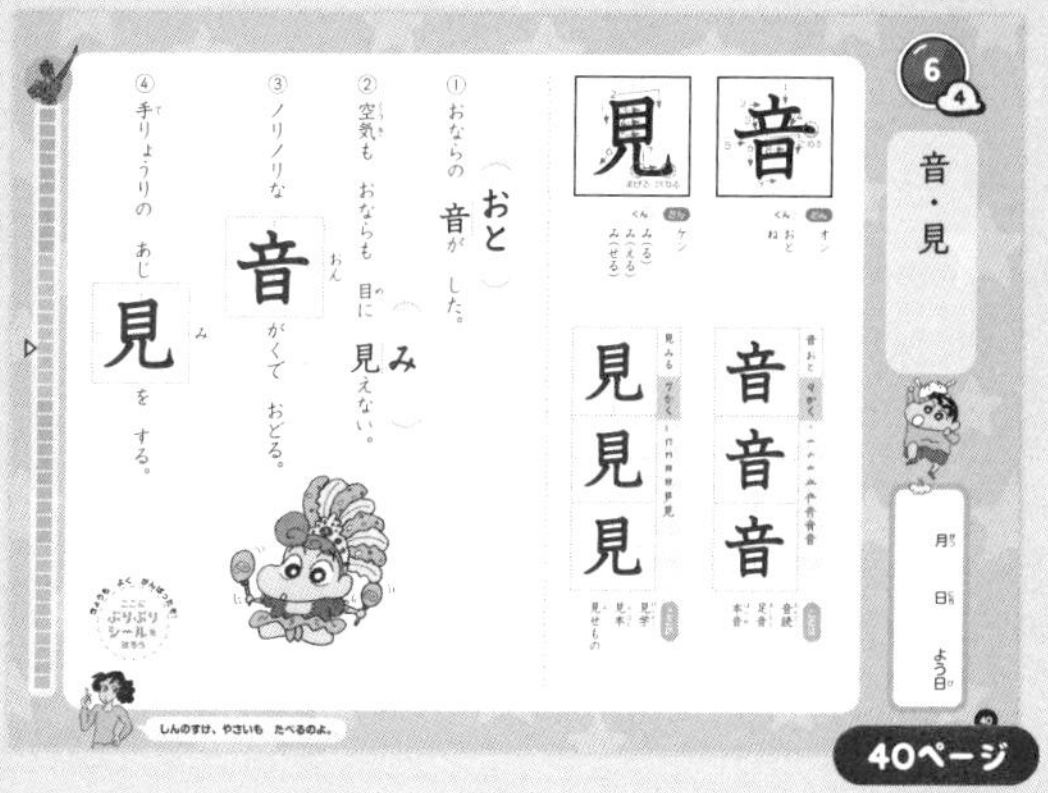

6-4
音・見
音
見
① おならの 音が (おと) した。
② 空気も おならも 目に 見えない。(み)
③ ノリノリな 音がくで おどる。
④ 手りょうりの あじ見を する。
40ページ

8-1
学・校
学
校
① かん字を 学んで (まな) かしこく なる。
② 学校の (こう) チャイム。
③ こうじょうを 見学する。
④ 校ちょう先生じゃなく えんちょう先生。
49ページ

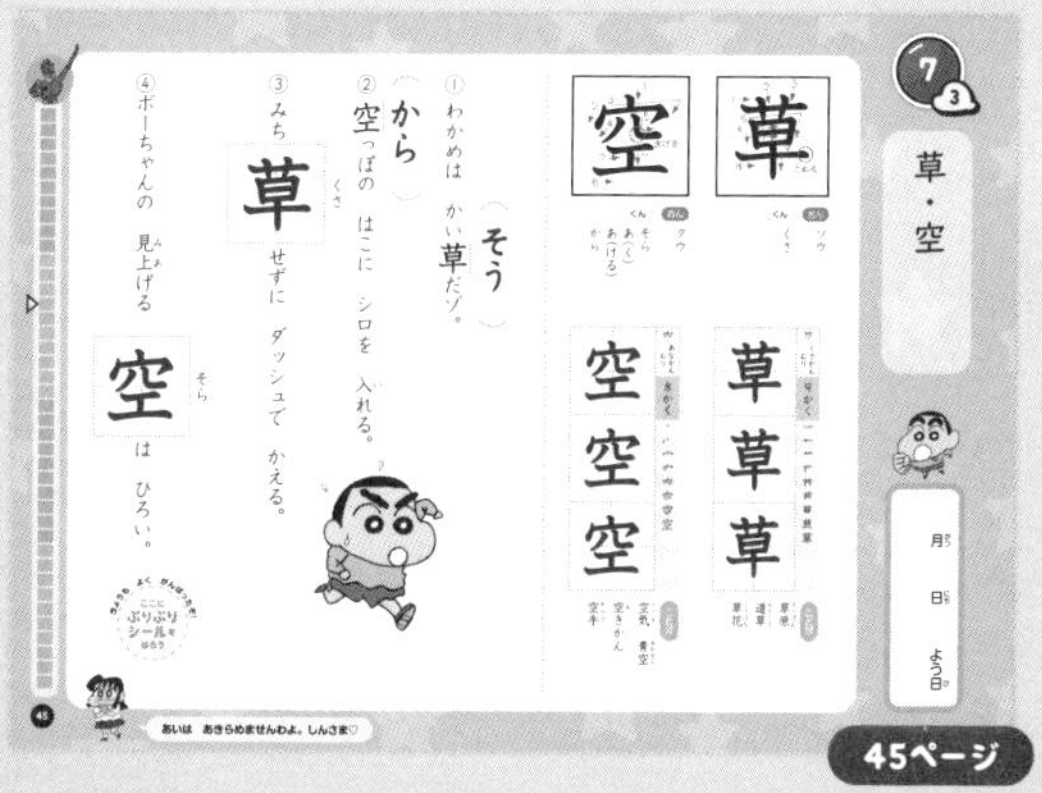

7-3
草・空
草
空
① わかめは かい草だゾ。(そう)
② 空っぽの (から) はこに シロを 入れる。
③ みち草せずに ダッシュで かえる。
④ ボーちゃんの 見上げる 空は ひろい。
45ページ

おさらいテスト③
30～40ページの おさらいだゾ！
1 ―の 字の よみかたを かきましょう。
① シャボン玉が ふわふわと 上がったり 下がったり。
② かあちゃんに 大目玉を くらう。(めだま)
2 に かん字を かきましょう。
① 大 中 小 の じゅんに ならべる。
② 音に あわせて 手を たたく。
3 つぎの かん字は まちがって います。□に 正しい かん字を かきましょう。
① 耳 耳
② 見 見
41ページ

50ページ

男・女

① 男の子を（だん）男子という。

② 女の子を（じょ）女子という。

③ オラは 男 まえだゾ。

④ ひまわりは かわいい 女 の子。

かっこいいなァ、しんちゃんて。

51ページ

入・出

① （にゅう）入じょうりょうを はらう。

② たんけんに（しゅっ）出ぱつする ぼうえいたい。

③ 入 れものを おとして わってしまった。

④ おしりを 出 しては いけません。

あっ、かえらなくちゃ。すくいの ヒーローは、1日に 3時間しか はたらけないのだ。

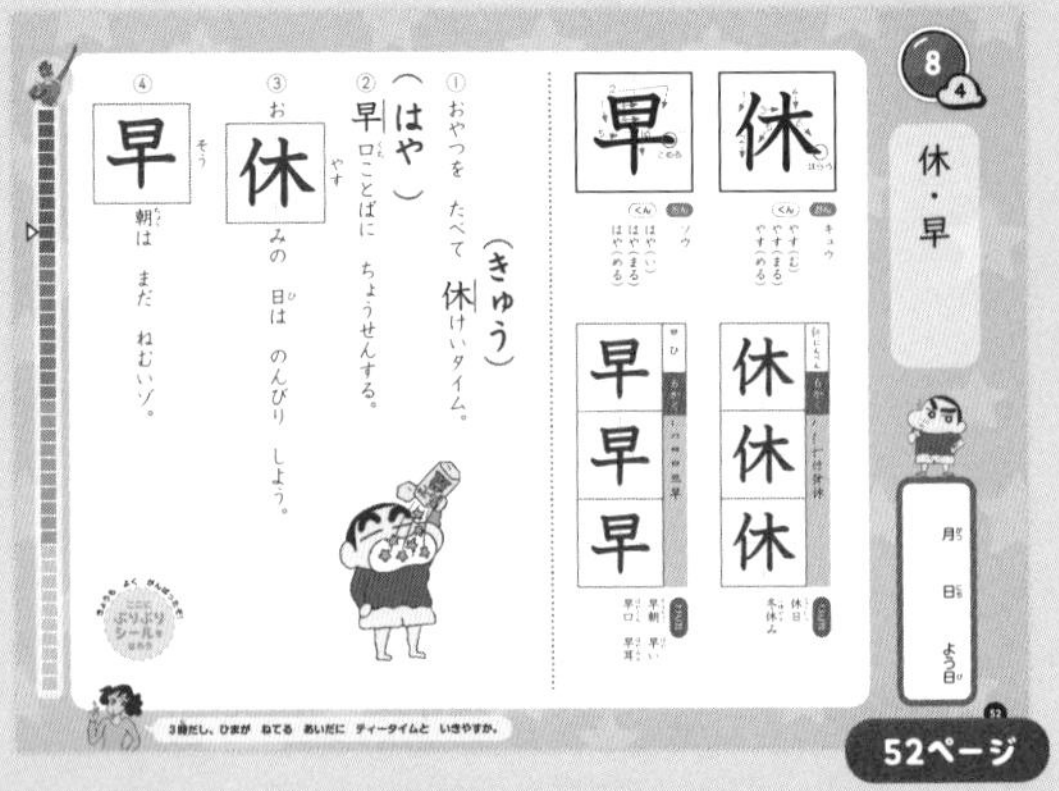
52ページ

休・早

① おやつを たべて（きゅう）休けいタイム。

② （はや）早口ことばに ちょうせんする。

③ 休 みの 日は のんびり しよう。

④ 早 朝は まだ ねむいゾ。

3時だし、ひまが ねてる あいだに ティータイムと いきやす。

53ページ

おさらいテスト④

1 —の 字の よみかたを かきましょう。

① えん足は（う）雨天中止だ。

② 早く（はや）（がっこう）学校に いきたいな。

2 □に かん字を かきましょう。

① 空 に 花火 が 上がる。

② 貝 が 水 を はいた。

3 ふとい せんは なんばん目に かきますか。○に すう字を かきましょう。

① 入 2

② 女 1

書き順にも 気をつけて書いてね！

55ページ

赤・青

① （せき）お赤はんに ごましおを かける。

② よく はれた 空を（せい）青天と いう。

③ 赤 とんぼは あきの 虫。

④ ななこちゃんの ぺーそうは 空も うみも 青 い。

ボクは ちょっぴり さびしげな 秋の 公園が すきなんだ。

56ページ

白・糸

① （はく）白ばに のって 王子さまが あらわれる。

② ひやしちゅうかに のった きん（し）糸たまご。

③ やっぱり シロは 白 い。

④ け 糸 で あんだ セーター。

57ページ

文・字

① きれいに（もじ）文字を かくと 気もちが いいゾ。

② かん字には（じ）たくさんの しゅるいが ある。

③ 文 しょうを よみ上げる。

④ すう 字 を じゅんばんに かく。

やだ!! オレは もう つかれた。

58ページ

正・立

① （しょう）正じきに はなして すっきりした。

② （りつ）立体てきな えいぞう。

③ 正 しい かん字を 学ぶ。

④ かすかべの ために 立 ち上がる。

みんなも カゼに 負けない 強い 体を つくりましょう。

59ページ

かん字パズル⑤
かん字の たしざん、ひきざんを しよう！

かん字の たしざん、ひきざんを して、できた かん字を □に かこう。

れい 夕＋口＝名
① 日＋十＝早
② 百－一＝白
③ 田＋力＝男
④ 字－宀＝子
⑤ 音－日＝立

なるほど…
たすのか ひくのか よく たしかめるのよ！

61ページ

10-1 田・土

田　土

① 田うえは とっても つかれるゾ。（た）
② ねん土で うんちを つくっちゃおう。（ど）
③ 田 えんの ふうけいを ながめる。
④ もぐらは 土の 中に いる。

しんちゃん こくろうさま。よく ガンバったね。

62ページ

10-2 石・竹

石　竹

① ひまわりは ほう石が すきだゾ。（せき）
② 竹林には 竹ばっかり 生えている。（ちく）
③ オラの あたまは 石のように かたいゾ。
④ 竹うまを のりこなそう。

ハハー、わが家は きょうも 平和だな。

63ページ

10-3 林・森

林　森

① 林間学校に いく。（りん）
② 森林には どうぶつが たくさん いる。（しん）
③ 木が 二つで 林だゾ。
④ 木が 三つで 森に なるゾ。

てめ～ら、紅さそりの おきて その4 わすれたのか!! 「トイレは 流しても 流行に 流されるな!!」

64ページ

10-4 天・気

天　気

① 天気よほうを チェックする。（てん）
② 人気ものも たいへんだゾ。（き）
③ 天さいてきな 五さいじだゾ。
④ げん気に あいさつを する。

ボクの 友だちは 心が エリートです。

65ページ

おさらいテスト⑤
54～64ページの みなおしだゾー！

1 ―の 字の よみかたを かきましょう。
① 正めんの ドアから 入る。（しょう）
② 土よう日の 天気を しらべよう。（ど）（てんき）

2 □に かん字を かきましょう。
① 赤と 青と 白の クレヨン。
② 田んぼの 土で どろまみれ。

3 つぎの かん字の かくすうは いくつですか。□に すう字を かきましょう。
① 林……8
② 気……6

覚えるまで、何度も 復習するのよ！

66ページ

1年 かくにんテスト①

1 ―の かん字の よみかたを かきましょう。
① 先生（せんせい）
② 十円玉（じゅうえんだま）
③ 三りん車（さん）（しゃ）
④ 左右（さゆう）
⑤ 学力（がくりょく）
⑥ 上下（じょうげ）
⑦ 休日（きゅうじつ）
⑧ 人口（じんこう）
⑨ 本音（ほんね）
⑩ 文字（もじ）

2 □に かん字を かきましょう。
① 年月
② 村人
③ 王子
④ 車
⑤ 金
⑥ 足
⑦ 耳
⑧ 花火
⑨ 青空
⑩ 糸

67ページ

1年 かくにんテスト②

1 ―の かん字の よみかたを かきましょう。
① 女子（じょし）
② 名字（みょうじ）
③ 七日（なのか）
④ 三日月（みかづき）
⑤ 下る（くだ）
⑥ 左足（ひだりあし）
⑦ こん虫（ちゅう）
⑧ 雨天（うてん）
⑨ 正じき（しょう）
⑩ 森林（しんりん）

2 □に かん字を かきましょう。
① 二日
② 小川
③ 千円
④ 右手
⑤ 力
⑥ 夕
⑦ 石
⑧ 貝
⑨ 水田
⑩ 竹

修了証

（しゅうりょうしょう）

……………………… さん

あなたは
「クレヨンしんちゃん 国語ドリル
小学1年生 かん字」の
学習を　がんばり、
1年生の　かん字　すべてを
マスターした　ことを　証します。

年　　月　　日

ここに
修了シールを
はろう！

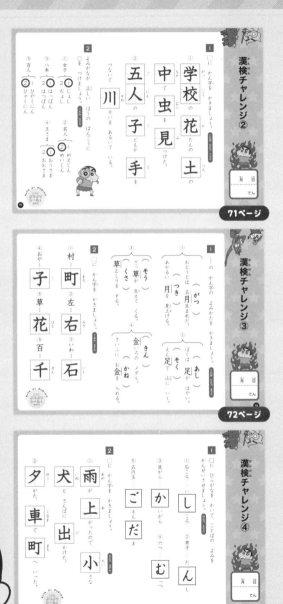

こたえあわせだゾ！

68ページ　1年 かくにんテスト③

1 なかまの かん字を かきましょう。
① 月 火 水 木 金 土 日
② 口 耳 目 手 足
③ 山 川 林 森

2 はんたいの いみの かん字を かきましょう。
① 大 ⇔ 小
② 右 ⇔ 左

69ページ　1年 かくにんテスト④

1 —の かん字の よみかたを かきましょう。
① 子どもが 生（う）まれる。 ひげが 生（は）える。 生（なま）たまご
② にもつを 下（お）ろす。 てつぼうに ぶら下（さ）がる。 下（した）じき
③ 空（そら）を 見上げる。 空（から）っぽの はこ。 ざせきが 空（あ）く。
④ 正（しょう）じきに はなす。 正（ただ）しい こたえ。 正（せい）もんから 入る。

2 つぎの かん字の よみかたを かきましょう。
① 大人（おとな）
② 一人（ひとり）
③ 上手（じょうず）
④ 二日（ふつか）

70ページ　漢検チャレンジ①

1 —の かん字の よみかたを かきましょう。
① 町（まち）の としょかんに 出（で）かけて 本（ほん）を 三（さん）さつ かりた。
② 休（やす）みの 日（ひ）に みちで 先生（せんせい）を 見（み）かけた。
③ 森（もり）に 生（は）えて いる 木（き）の 名（な）まえを しらべる。
④ 白（しろ）い 犬（いぬ）の 耳（みみ）が ぴんと 立（た）って いる。

2 ふとい せんは なんばん目に かきますか。○に すう字を かきましょう。
① 水……①
② 足……⑤
③ 玉……③
④ 右……②

71ページ　漢検チャレンジ②

1 □に かん字を かきましょう。
① 学校の 花だんの 土の 中で 虫を 見つけた。
② 五人の 子どもが 手を つないで 川ぞいを あるいて いる。

2 よみがなが 正しい ほうの ばんごうに ○を つけましょう。
① 女子　①じょし
② 名人　②めいじん
③ 八本　①はっぽん
④ 王さま　①おうさま
⑤ 百人　②ひゃくにん

72ページ　漢検チャレンジ③

1 —の かん字の よみかたを かきましょう。
① おとうとは 五月（がつ）生まれだ。 あかるい 月（つき）を 見上げる。
② ぼくは 足（あし）が はやい。 えん足（そく）で 山に いく。
③ ざっ草（そう）が 生えて くる。 草（くさ）むしりを する。
④ 金（きん）いろの メダル。 さいふに お金（かね）を 入れる。

2 □に かん字を かきましょう。
① 村……町
② 左……右
③ いわ……石
④ おや……子
⑤ 草……花
⑥ 百……千

73ページ　漢検チャレンジ④

1 □に ひらがなを かいて、ことばの よみを かんせいさせましょう。
① 石ころ……しころ
② 男子……だんし
③ 貝がら……かいがら
④ 六つ……むっつ
⑤ 五円玉……ごえんだま

2 □に かん字を かきましょう。
① 雨が 上がったので、小さな 犬と さんぽに 出かけた。
② 夕がた、車で 町へ いった。